Die Teufelsmauer am Harz

von Egbert Günther und Gottfried Bürger

Die Teufelsmauer am Harz

Von den Gegensteinen bei Ballenstedt bis zum Großvater bei Blankenburg

von Egbert Günther und Gottfried Bürger

mit einem Beitrag
von Hartmut Knappe

(Erweiterte Neuauflage)
Natur+Text

Inhalt

8 **Einleitung**

10 **Die Sagen**

13 Die Sage von der Teufelsmauer

14 Die Egbert-Sage

17 Die Sage von den Gegensteinen

19 **Die Entstehung – Teufelsmauer, Sand und Eis**
von Hartmut Knappe

26 Nicht nur eine Mauer

29 **Was von der Mauer übrig blieb**

30 Die Ballenstedter Teufelsmauer – die Gegensteine

36 Der Stumme und der Laute

39 Das Kreuz auf dem Großen Gegenstein

41 Die Thalenser Teufelsmauer – Königstein, Mittelstein und Papenstein

49 Ein Opferstein?

51 Die Blankenburger Teufelsmauer – Großvater und Hamburger Wappen

60 **Der Name »Teufelsmauer« – nur eine Verwechslung?**

62 **Raubbau an der Teufelsmauer – wenn das der Teufel wüsste!**

68 **Prominenz an der Teufelsmauer**

74 **Die Teufelsmauer in der Vorzeit**

76 Der Schmuck des Teufels?

78 **Natur an der Teufelsmauer**

78 Im Wald der Märzenbecher

83 Von der Großen Prinzessin und anderen köstlichen Früchten

85 Hotspot »Teufelsmauer«

90 Ein Winzling unter den Orchideen – die Herbstwendelorchis

92 Die Pflanze mit drei »s« – die Sandsilberscharte

94 Die einsame Flechte

96 Uhu, Schwarzkehlchen und Berghexe – die Gesellen des Teufels?

98 **Die Pioniertat des Landrats Weyhe**

101 Die Vollendung der Tat von Landrat Weyhe

104 Ein »Nationales Naturmonument«?

108 **Tourismus und Wandern**

110 **Klettern verboten!**

111 **Die Teufelsmauer als Filmkulisse**

112 **Ausklang**

114 **Wer hat mitgeholfen?**

114 **Wichtige Anschriften**

116 **Literatur**

120 **Impressum**

120 **Bildnachweis**

Eingebettet in den blühenden Raps liegen der Mittelstein und die markant gezackten Felsnadeln des Königstein bei Weddersleben.

Einleitung

Die imposanten Felsen der Teufelsmauer vor dem nördlichen Harzrand gehören zu den schönsten Naturerscheinungen in Deutschland. In beachtlicher Ausdehnung, auf einer Länge von 20 Kilometern, aufgereiht wie eine überdimensionale Perlenkette, ziehen sich die »Mauerstücke« zwischen Ballenstedt und Blankenburg dahin. In einem alten Reiseführer über den Harz ist in schöner bildlicher Sprache darüber zu lesen: »Wie von Riesenhand absichtlich zusammengewälzt, zeigt es sich hier als schroffe Klippe, senkt sich dort zerklüftet und zerteilt nieder, lässt sich streckenweise nur in zersplitterten, ungeordneten, umhergeworfenen Gesteinsbrocken verfolgen und verschwindet dann völlig, um in der Nähe der Bode, Thale gegenüber, wieder aufzutauchen. Die Sage bezeichnet diese Riesenmauer als Werk des Teufels, der sich mit Gott um die Herrschaft über die Erde stritt« (Günther 1901). Nach dieser Beschreibung ist zu erahnen, was den Menschen damals durch den Kopf ging, die in dieser von Felsen durchsetzten Landschaft lebten. Was für ein anderes Gebilde sollte es sein, das sich seit Urzeiten nahe dem Harzrand auftat, als der Rest einer einst gigantischen Mauer! Aber wie kam diese dahin? Die Fantasie war gefragt und gottesfürchtige Menschen hatten schnell eine Geschichte parat – die »Sagen von der Teufelsmauer« waren geboren. Es ist zu vermuten, dass dies nicht ohne das Zutun der Priesterschaft geschah. Missionierungsversuche und Umbenennungen der Heiligtümer der heidnischen Germanen sollen mit im Spiel gewesen sein. Die Wahrheit sieht natürlich anders aus, ganz anders. Der Herr der Unterwelt hat damit nichts zu tun. Es sind verfestigte, sozusagen zementierte Meeresablagerungen, die durch die Kräfte im Erdinneren nach oben geschoben worden sind und sich aufgerichtet haben. Ein Prozess von überregionaler Bedeutung, der noch heute die Fachleute staunen lässt und zum Grübeln veranlasst. Im Umfeld der Felsgebilde ist eine Landschaft entstanden, die schon früh Menschen anzog und siedeln ließ – begünstigt durch ein angenehmes Klima. Siedlungsreste und Gräberfelder in beachtlichen Ausmaßen der vor- und frühgeschichtlichen Kulturen zeugen davon. Sogar ein mysteriöser Opferstein aus diesen Zeiten ist zu bestaunen, der zu allerlei gruseligen Geschichten verführt. Die Naturausstattung ist reichhaltig und beeindruckend, bewahrt in mehreren großen Schutzgebieten. Durch die Jahrhunderte währende fleißige Tätigkeit der Schafe finden wir heute eine Landschaft vor, die es mit der Kargheit im sonnigen Süden aufnehmen kann. Außerdem ist eine Pflanzenwelt vorzufinden, die zu den artenreichsten in Mitteleuropa gehört. Darunter sind Raritäten, die so selten sind, dass sich die Anzahl ihrer Vorkommen in Deutschland an wenigen Fingern abzählen lässt.

Das Ziel dieses Buches ist es, das alles zu enträtseln, aufzuklären, zu beschreiben und ins Bild zu setzen.

Am Schmalen Klink, zwischen Mittel- und Papenstein, haben sich schöne Sandmagerrasen ausgebildet. Dazu passend ein violettes Kissen des Sandthymians.

Auf dem Hexentanzplatz, oberhalb von Thale, hat der Quedlinburger Metallkünstler Jochen Müller eine Skulpturengruppe geschaffen. Das Bild zeigt daraus die »Fratze« des Teufels. Befehlend, mit ausgestrecktem Arm, prangt Luzifer über den anderen Wesen. Auch in der Stadt selbst sind Plastiken von Jochen Müller zu sehen. Überhaupt sind im ganzen Stadtgebiet viele Statuen von Protagonisten nordischer Sagen zu finden – Thale ist schließlich »Mythenstadt«. In der Unterstadt, dem eigentlichen Dorfkern von Thale, wurde eine Statue des »Hessi« aufgestellt, einem Anführer ostfälischer Sachsen. Er unterwarf sich im Jahr 775 der Herrschaft von Karl dem Großen und trat zum christlichen Glauben über.

Die Sagen

Sagen sind einfache, mündliche Erzählungen, hergeleitet vom Althochdeutschen »Saga«, das Gesagte. Die Verfasser sind meist unbekannt, doch lassen sich die Motive für die Entstehung bis in das Mittelalter zurückverfolgen. Mehrfach entstanden Neubildungen, sogar vom »Archiv der Urgeschichte eines Volkes« ist die Rede. Es gibt verschiedene Arten von Sagen, neben den Teufelssagen kennen wir die Seelen-, Geister-, Dämonen- und Göttersagen sowie Wunder- und Schatzsagen.

Die Sage berichtet meist über fantastische und unheimliche Vorgänge und versucht nicht erklärbare Naturerscheinungen zu deuten, wie zum Beispiel auffällige Felsen, die kein Mensch an diese Orte geschafft haben kann. Die Unordnung der verstreut liegenden riesigen Felsbrocken, das kann nur das Werk einer übermächtigen, zerstörerischen Kraft gewesen sein. Nur denkbar durch die Hand eines Riesen, der mit dem Teufel gleichgesetzt wird. Geschehen im ewigen Streit mit seinem Widersacher, mit Gott, oder als Rache an ihm.

Schauen wir uns die Sammlung der »Deutschen Sagen« der Gebrüder Grimm an, herausgegeben 1816 bis 1818. Wir finden darin gleich mehrere ähnlich lautende Geschichten. An verschiedenen Orten tat sich der Teufel als großer Baumeister hervor, der Mauern errichtete und Mauern zerstörte, Hähne, die zu früh krähten, und Gott, der den Herrn der Unterwelt nicht gewähren ließ. Dies geschah nicht nur am Harzrand, sondern ebenso zwischen Melk und Wien an der Donau oder zwischen Ellingen und Pleinfeld nahe Weißenburg in Bayern. Der Harz ist überhaupt sehr reich an Sagen und Mythen. Nicht von ungefähr wird damit kräftig in allerlei Wortspielereien geworben: So ist vom »Sagenhaften Harz« oder »Sagenharz« die Rede. In diesem Kanon haben die Geschichten über die Teufelsmauer den höchsten Bekanntheitsgrad. Vor allem jene, in der sich der Teufel mit Gott einen Streit um die Grenzen ihrer Herrschaftsgebiete liefert. Fast jedes Kind kennt sie – oder kannte sie, denn im Zeitalter von Twitter und Co. ist das nicht mehr so sicher. Ein eifriger Sammler der alten Geschichten ist Bernd Sternal, der die »Sagen, Mythen und Legenden aus dem Harz« in vier Bänden herausgeben hat. Darin sind nicht weniger als 228 von diesen alten Texten aufgeführt. Aus diesem Werk sind »Die Sage von der Teufelsmauer« und »Die Sage von den Gegensteinen« entnommen. Die »Egbert-Sage« entstammt einem uralten Werk von Ludwig von Baczko, das 2012 in einer Neuauflage erschienen ist. Alle drei Sagen sind nachfolgend im Wortlaut abgedruckt.

Bild links oben: Jesus Christus – der Herrscher über Himmel und Erde – Apsis der Lindenhofskirche in Neinstedt. Dieses Bild entwarf Viktor de Ruyter, ein Schüler Franz Karl Eduard Gebhards, der dem Kreis der Düsseldorfer Malerschule angehörte. Ausgemalt wurde es 1910 von einem gewissen Wessinghage.
Bild links unten: Der Gegenspieler Gottes – das Lachen ist ihm wohl vergangen

Die Sage von der Teufelsmauer

Nachdem Gott die Erde geschaffen hatte, begehrte der Teufel einen Anteil davon. Besonderes Interesse hatte der Teufel am Harz, der sein absolutes Lieblingsgebirge war. Lange Zeit zog sich dieser Streit um die Harzregion hin. Dann lenkte Gott ein, um den Streit ein für allemal zu beenden. Er sagte zum Teufel: »Gut, wenn du so hartnäckig darauf bestehst, dann wollen wir das Land am Harz teilen. Du erhältst das Gebirge und ich das fruchtbare Land vor dem Harz. Du musst aber eine Grenzmauer ziehen, die unsere Herrschaftsgebiete voneinander trennt. Bedingung ist aber, dass du das Werk in einer Nacht vollendest, bevor der Hahn zum ersten Mal kräht, musst du fertig sein. Dann soll dir die eine Hälfte des Hartlandes gehören und mir die andere.« Der Teufel schlug in den Pakt ein. Und er stürzte sich sofort auf die Arbeit und schaffte die ganze Nacht. Fast war er fertig, nur noch einen großen Stein musste er in die Mauerkrone einfügen. Da kam eine Bauersfrau aus Timmenrode des Weges. Sie hatte eine Tragekiepe auf dem Rücken und darin einen Hahn, den sie auf dem Markt in Blankenburg verkaufen wollte. Plötzlich stolperte die Bäuerin über einen Kieselstein, der Deckel ihrer Kiepe sprang auf, der Hahn reckte seinen Hals heraus und begann zu krähen. Da wusste der Teufel, dass er die ihm gestellte Aufgabe nicht erfüllt hatte und sein geliebter Harz ihm für immer verloren war. Er geriet in unbändige Wut, nahm den letzten, riesigen Stein und schleuderte ihn mit aller Teufelskraft gegen die fast fertige Mauer. Es gab ein höllisches Getöse und die obersten Steinlagen stürzten ein und zerschellten auf der Erde, wo sie noch heute liegen (Sternal u. Berg 2010).

Die Egbert-Sage

In dem Tal zwischen Blankenburg und der Rosstrappe lag vor Zeiten ein Dorf oder Städtchen, welches Blanka hieß. Die Spuren davon sind längst verschwunden. Als später auf der benachbarten Höhe eine Burg erbaut wurde, verließen die Bewohner ihre Hütten, und siedelten sich, der Sicherheit wegen, dicht unter der Burg auf dem Blankenstein an. Als es das Städtchen Blanka noch gab, lebte in den Klusbergen bei Halberstadt der Edeling Egbert, der allseits geachtet war und als guter Schwertkämpfer galt. Er verliebte sich in das schönste Mädchen von Blanka, um die schon viele Freier geworben hatten. Heimlich traf er sich mit ihr im Tempel des Krodo bei Blanka. Um diese Zeit geschah es, dass die Apostel Karls des Großen oder ihre Jünger in die Gegend um Halberstadt vordrangen, um den christlichen Glauben zu predigen. Egbert kam zur Überzeugung, dass die neue Lehre vernünftiger sei als der Glaube an Krodo und die anderen germanischen Götter. Er gewann auch seine heimliche Braut für die neuen Ideen. Der Vater des Mädchens, ein Anhänger der alten Götter, erfuhr von den Vorgängen und wollte den Verführer seiner Tochter bei einem Stelldichein am Altar des Krodo stellen und ihn dem Gott opfern. Egbert wurde aber auf dem Weg zur Verabredung von einem Unwetter zur Umkehr gezwungen. Von Spähern in Blanka erhielt er die Nachricht, dass man ihm auflauerte, und dass seine Geliebte sich in Gefangenschaft befand. Eilends schloss er einen Bund mit Nachbarn und Freunden, um sie zu befreien und um die Einwohner von Blanka zu bekehren. Auf ihrem Kriegszug, zu dem Egbert mit seinen Männern nachts aufbrach, versperrte ihnen plötzlich eine Mauer aus Felsen, die vor ihnen aus dem Boden wuchsen, den Weg nach Blanka. Egbert und seine Gefährten suchten sich eine günstig erscheinende Stelle und sie begannen die steinerne Wand zu erklimmen. Plötzlich stürzten jedoch Felsenstücke auf die Kletternden herab. Nur Egbert überlebte. Als er das obere Ende der Steilwand fast erreicht hatte, erschien ihm ein weißbärtiger Greis. Dieser schlug dem Krieger vor, dass er ihm sofort seine Braut bringen würde. Er hatte nur die Bedingung, dass jener zum Glauben an die alten Götter zurückkehren sollte. Nach einigem Zaudern besiegte Egberts Liebe seinen Verstand und er war bereit, den Pakt mit dem Unbekannten, der sich als der Teufel offenbarte, zu unterzeichnen. In seiner Angst unterschrieb er, in der Hoffnung den Teufel zu überlisten, mit falschem Namen. Jener steckte das Blatt, ohne es zu lesen, ein und er half Egbert auf die Felswand hinauf. Dort am Rand der Klippe befahl er dem Krieger zu warten. Wenig später erschien Luzifer wieder mit dem Mädchen an der Seite. Der Wartende

Königstein bei Nacht

In dieser Sandsteingrotte, eingearbeitet in den Klusfelsen südlich von Halberstadt, soll Egbert aus der gleichnamigen Sage gehaust haben.

umarmte die ihm lächelnd in die Arme eilende Braut. Als er sie jedoch an sich drückte, erschlaffte sie. Er hielt eine Tote in den Armen. Der Teufel rief Egbert höhnisch lachend das Wort Betrüger ins Ohr. Dieser fuhr zurück und stürzte den Felsen hinab in den Tod. Seit diesem Tag wurden die Steinklippen, die Egbert den Weg nach Blanka verwehrten, Teufelsmauer genannt (Baczko 2012).

Die Sage von den Gegensteinen

Unweit Ballenstedt ragen zwei Felsen empor, welche die seltsame Bezeichnung »der stumme und der laute Gegenstein« tragen. Jetzt sind sie beide stumm, aber der Laute Gegenstein hat einmal getobt, lauter als ein Mensch es vermag und lauter, als man es hören mochte. Das war so: In Ballenstedt, welches früher ein kleines Dorf war, lebte ein bemittelter Bauer; der war geizig über die Maßen und wenn er glaubte, einen Profit zu machen, war ihm jedes Mittel recht. An einem schönen Sonntagmorgen ritt er auf Quedlinburg zu, um dort in die Kirche zu gehen. Vor Tau und Tag war er aufgestanden und hatte geschafft im Stall, Scheuer und Hof. Davon war er müde geworden und statt den schönen Morgen zu genießen, schlief er auf seinem Pferde ein. Plötzlich stand der Braune. Der Bauer erwachte, aber alles Hüh und Hott brachte das Tier nicht wieder in Bewegung. Er stieg herab und nun sah er zu seinem Erstaunen, dass ihm die ganze Gegend fremd war. Nur an den beiden Felsen erriet er, dass er in der Nähe der Gegensteine sei. Mit Staunen jedoch bemerkte er an dem Felsen eine Tür. Er ging herzu, öffnete die Tür und sah, dass drinnen im Felsen eine Treppe abwärts in eine Höhle führte. Unten aber gewahrte er einen Haufen Gold- und Silbergeld. Links daneben lag eine silberne Peitsche, rechts ein riesiger Hund, der wütend zu dem Bauer empor glotzte aus feurigen funkelnden Augen. »Ach was«, dachte der Bauer, »werde mich doch vor dem Hunde nicht fürchten!« ging hinunter und holte sich die Tafeln voll Geld herauf, schüttete es aus und stieg noch einmal hinab. Da knurrte der Hund leise und drohend, aber er ließ den Bauer nehmen, soviel er mochte und damit hinauf klettern. Die Geldgier des Mannes war aber so gewaltig gereizt, dass er sich nicht versagen konnte, zum dritten Male in die Höhle zu steigen. Diesmal knurrte der Hund lauter und fletschte wütend die Zähne. Den Bauer gruselte es nun doch, denn solch grässlichen Hund hatte er noch nie gesehen. Aber als er oben war, fiel ihm die Peitsche ein. Die Peitsche im Stich lassen? Nein, da hätte er nicht müssen solch ein Pferdenarr sein. Um die Peitsche müssten ihn alle Leute beneiden, meinte er und stieg wieder herab. Auch die Peitsche ließ ihn der Hund nehmen, als aber der Bauer Miene machte, sich noch einmal die Taschen voll Geld zu stopfen, da erhob der Hund ein rasendes Geheul; die Felswände erzitterten und Feuergarben zuckten aus des Riesenhundes Rachen und Augen. Dazu bebte der Boden unter den Füßen des Mannes und er hörte ein Poltern, Krachen und Brüllen, dass ihm Hören und Sehen verging. Wie er hinaufgekommen war, wusste er nicht. Er fand sich am Boden liegend in der Nähe der Gegensteine und neben ihm stand sein Brauner. Es war zu schrecklich gewesen, um das Erlebte für Wahrheit zu halten, aber die silberne Peitsche, die er in der Hand hielt, belehrte ihn, dass er nicht bloß geträumt hatte. Mühsam stieg er auf sein Pferd und ritt nach Hause. Dort legte er sich, und acht Tage darauf war er tot (Sternal u. Berg 2010).

Viele Jahre später, zwischen 1945 und 1994, besuchten sowjetische Soldaten vom nahe gelegenen 197. Rotbanner-Garde-Panzerregiment die Behausung Egberts an den Klusfelsen, wovon heute noch die kyrillischen Buchstaben an den Wänden zeugen.

Im weiten Umfeld der Teufelsmauer war Luzifer mehrfach namensgebend: so am Teufelsbach, an der Teufelsmühle, im Teufelstal und so weiter. Nirgendwo sonst soll es so viele Teufelssagen und Ortsbezeichnungen geben, die den »Teufel« im Namen tragen, wie in der Harzregion. Selbst der Name Teufelsmauer ward gleich mehrfach vergeben, doch dazu später.

Die Entstehung – Teufelsmauer, Sand und Eis

von Hartmut Knappe

Auf den Harz, dieses verfaltete, verschmolzene und zerbrochene Uraltgebirge mit seinem komplizierten geologischen Bau, braucht man hier nicht weiter einzugehen. Es reicht aus zu wissen, dass sich in der erdbebenreichen Epoche der oberen Kreidezeit die Harzscholle aus mehr als 5000 Metern Tiefe aufwärts bewegte. Das geschah entlang einer Bewegungsbahn, die in Mitteleuropa einmalig ist. Diese verläuft entlang des gesamten Nordrandes und bildet die geologische Grenze zwischen Harzgebirge und Harzvorland (leider ist sie überall verschüttet). Begonnen hat die tektonische Fahrstuhlfahrt vor ungefähr 88 Millionen Jahren und hielt gut sechs Millionen Jahre an. Gleichzeitig zerrieben die Witterungseinflüsse, allen voran gewaltige Meereswogen, das auf dem Gebirgsrumpf abgelagerte Deckgebirge zu Sand und Schlamm.

Als die über 1000 Meter dicke Auflage abgeräumt war, zeigte sich, ausgehend vom Harzrand, ein buntes Nebeneinander aus senkrecht gestellten Schichten. Die nach Nordosten immer jünger werdenden Ablagerungen reichen von der Zechsteinära bis zur Kreidezeit. Dieser einst flach gelagerte Komplex war bei der Heraushebung der Harzer Bruchscholle mitgeschleppt und aufgerichtet worden. Im Querschnitt gesehen, formt er weiter nordostwärts eine Mulde, um daraus in geneigter Position wieder aufzutauchen.

So eindrucksvoll wie in dem Baggeranschnitt der Sandgrube Warnstedt waren die dem Harzrand nahen Struktureinheiten des Vorlandes noch nie zu beobachten. Leider überstand das Profil den nächsten Winter nicht. Die unverfestigten Schichten zerflossen unter Frost- und Regeneinwirkung, genauso wie sonst in jenen Zeiten mit kräftiger Erosion. Langgestreckte Senken in der Aufrichtungszone zeigen daher die Vorkommen weicher Sedimente wie Sand, Ton oder Mergel an. Flankiert werden diese von widerstandsfähigen Kalksteinen oder den zu Quarzit verfestigten Sandsteinschichten zwischen Harz und Halberstadt.

Sand- und Tonschichten aus dem Mündungsgebiet eines Flusses, abgelagert vor 84 Millionen Jahren. Die steilgestellten Schichten links im Bild gehören zur Nordflanke der Teufelsmauer. Ehemalige Sandgrube Warnstedt, 2013.

Mikroskopische Aufnahme eines Dünnschliffes von Teufelsmauerquarzit (Bildbreite 1 Millimeter). Sandkörner wurden durch Kieselsäure – hier bläulich eingefärbt – fest miteinander verbunden. Die so verschlossenen Porenräume verhindern den Wasserzutritt und machen das Gestein frostfest.

Ohne die wechselvolle Zusammensetzung des Ausgangsmaterials gäbe es die Teufelsmauer gar nicht. Die Vielfältigkeit der Sedimente ist hauptsächlich das Ergebnis der einstigen geografischen Position des heutigen nordöstlichen Harzvorlandes. Es lag mehrmals im Mündungsgebiet eines von Osten kommenden Flusses. In dessen flachem Schwemmland setzte sich in der Kreidezeit eine Wechselfolge aus Sand-, Ton- und Mergelschichten ab. Bestimmend für deren vertikale und horizontale Verbreitung waren die beträchtlichen Schwankungen des damaligen Meeresspiegels. Deshalb konnten die vom Fluss gelieferten Sandschüttungen mal mehr, mal weniger weit nach Nordwesten hinausreichen. Dort vermischten sie sich mit zeitgleich abgesetztem Meeresschlamm. Dass Fragmente einstigen Landlebens mit versteinerten Überbleibseln mariner Bewohner gemeinsam vorkommen, muss daher nicht verwundern. Unter den Fossilien sind die Strandfarne von Quedlinburg oder die Platanenblätter von Blankenburg in der Wissenschaft weltweit bekannt. In Halberstadt wurde erstmalig eine Krebsart beschrieben. Bei der Unterscheidung einzelner Schichten erweisen sich klitzekleine Lebensformen als sehr hilfreich. Selbst wenn derartige Mikrofossilien, z. B. Foraminiferen, in unterschiedlichen Gesteinen vorkommen – immer sind sie der Hinweis auf das gleiche Entstehungsalter.

Mikrofossil aus der Oberkreidezeit (Bildbreite 1 mm)

Zahn eines Tigerhai-Verwandten (Bildbreite 2 cm)

Schere eines Hummer-Verwandten (Länge 6 cm)

Dort, wo entlang einstiger Klüfte der Sandstein zu Quarzit verfestigt wurde, hat die Erosion solche Netzleisten herausmodelliert (abgebildeter Ausschnitt im Original 20 cm).

An der Reliefbildung des Harzvorlandes ist das im Untergrund vorhandene Steinsalz maßgeblich beteiligt. Obwohl dies auch ein Sedimentgestein ist, verfügt es jedoch über gänzlich andere Eigenschaften als Sand- oder Tonablagerungen. Temperaturen von über 50 Grad Celsius und hoher Druck vermochten den Stabilitätszustand des über 800 Meter mächtigen Salzlagers zu verändern. Als Auslöser genügten kräftige Risse im Untergrund. Entlang solcher parallel zum Harzrand verlaufenden Spalten geriet das Salz in plastische Bewegung. Durch das Gewicht des Deckgebirges wurde das spezifisch leichtere Salz zu sattelartigen Erhebungen aufgepresst. An deren Flanken bildeten sich durch die Salzabwanderung flache Mulden.

Überall dort, wo im Untergrund warmes Wasser unter Druck gerät, löst es ein wenig Sand und andere silikatische Minerale auf. Als mobile Monokieselsäure durchdringt diese Fracht den offenen Porenraum von Sandsteinen, um an geochemisch geeigneter Stelle wieder Siliziumdioxid freizusetzen. Das nutzen andere Quarzkörnchen als kristallinen Zugewinn und verschließen damit weitgehend die feinen Hohlräume. Auf diese Weise sind reine Sandsteine des Harzvorlandes zu Quarzit verkittet worden. Höhere Tongehalte haben die Quarzitzementation eingeschränkt oder ganz verhindert. Als bevorzugte Bereiche der Quarzitbildung erwiesen sich die tektonisch besonders beanspruchten Abschnitte von Aufrichtungszone, Sattelflanken und Muldenrändern. Wegen seiner dichten Beschaffenheit bietet Quarzit den Witterungseinflüssen nur geringe Angriffsflächen bzw. Eindringtiefen und wird deshalb herausmodelliert.

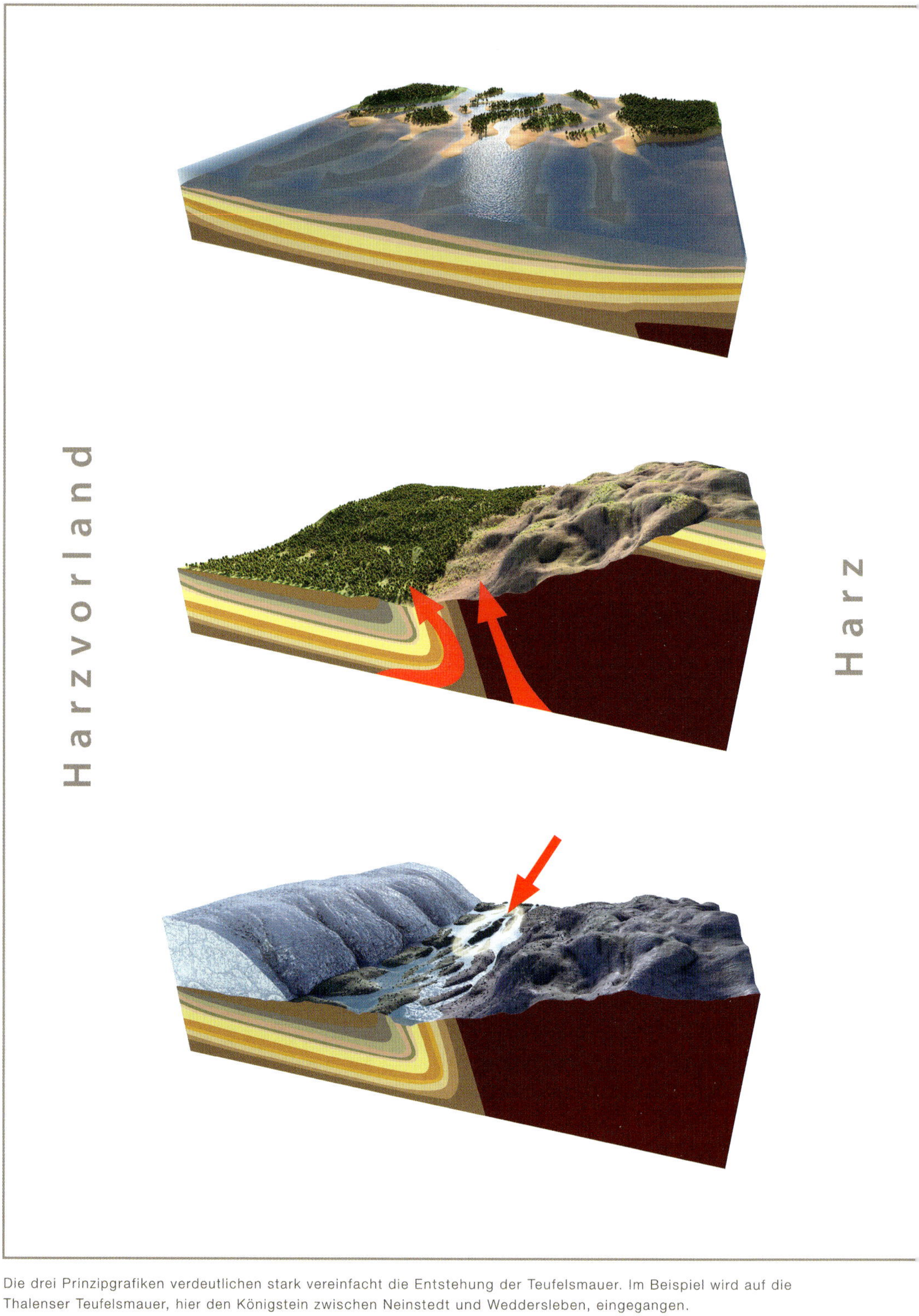

Die drei Prinzipgrafiken verdeutlichen stark vereinfacht die Entstehung der Teufelsmauer. Im Beispiel wird auf die Thalenser Teufelsmauer, hier den Königstein zwischen Neinstedt und Weddersleben, eingegangen.
Die Relationen der einzelnen Bestandteile zueinander entsprechen nicht den tatsächlichen Verhältnissen.

SANDSTEIN bilden

Im Mündungsgebiet eines Flusses setzt sich die Wechselfolge von über 600 Meter mächtigen Sand-, Ton- und Kalkschichten ab. Unter der eigenen Auflast verwandeln sich diese zu unterschiedlich harten Festgesteinen.

SANDSTEIN aufrichten

Bei der Heraushebung des Harzes wird das ehemalige Deckgebirge an seinem Nordrand steil gestellt (Aufrichtungszone). Auf dem Harz befanden sich ursprünglich die gleichen Ablagerungen wie im nördlichen Vorland.

SANDSTEIN freilegen

Nach der Harzhebung setzte die Abtragung ein. Durch die Erosion verloren letztlich auch die Schichten der Aufrichtungszone ständig an Höhe. Besondere Tiefenwirkung erzielten die Schmelzwässer der Eiszeit-Gletscher. Sie spülten locker gewordenes Gestein fort und legten dabei harte Sandsteine und Quarzite frei.

Nicht nur eine Mauer

Was die Sagenerfinder noch nicht wussten: Aus den drei ursprünglich vorhandenen Sandsteinfolgen haben Aufwölbung und Muldenbildung eine attraktive Vervielfachung der Teufelsmauerarchitektur hervorgebracht. Und zwar nicht nur die allgemein im Volksmund als die »Teufelsmauer« bekannte und von der Tourismusbranche als solche vermarktete Felsenkette zwischen Ballenstedt und Blankenburg, sondern auch weitere Felsbildungen, die sich durch das Wirken dieser Kräfte bildeten:

– Unterkreide (vor 125 Millionen Jahren): Kamelfelsen bei Westerhausen, Schlossberg von Quedlinburg, Hoppelberg, Felsklippen von Langenstein (Höhlenwohnungen!).

– Oberkreide (vor 88 Millionen Jahren): Gegensteine bei Ballenstedt, Spiegelsberge, Mönchsfelsen, Harslebener Berge und Klusfelsen bei Halberstadt. Die Klippen der Schierberge bei Rieder verschwanden durch Steinbruchtätigkeit.

– Oberkreide (vor 84 Millionen Jahren): Teufelsmauer zwischen Heimburg, Blankenburg und Neinstedt, Kuckucksberg bei Westerhausen, Regenstein bei Blankenburg. Die Klippen bei Warnstedt wurden abgebaut.

Schon während des tektonischen Umbruchs arbeitete sich die Erosion weit bis in das Innere des »Quedlinburger Sattels« vor. Die weichen Trias- und Jurasedimente boten dort keinen nennenswerten Widerstand. Später Dank für diese Vorleistung hätte eigentlich von den Autobahnplanern kommen müssen, denn kostengünstig quert die Trasse der Nordharz-Schnellstraße (B 6n) die Erosionsmulde des Sattelkerns.

Bei der Beantwortung der Frage, wie es zu diesem derart umfangreichen Substanzverlust gekommen ist, wäre selbst der Teufel überfordert gewesen. Schon gar nicht hätte er sich mit solch unvorstellbaren Kräften angelegt, die im Pleistozän landschaftsgestaltende Dimensionen angenommen hatten. Eigentlich müssten die Gesteine der Aufrichtungszone als Gesamtverband noch deutlich höher aufragen als ihre gegenwärtig höchste Klippe (Blankenburger Teufelsmauer 332 Meter über NHN). Und das taten sie auch, zuletzt bis vor etwa 400 000 Jahren. Damals wusste Skandinavien nicht, wohin mit dem vielen Gletschereis. Unmengen davon schickten die nordischen Gebirge bis nach Mitteleuropa. Zweimal erreichten die gigantischen Erdhobel das Harzgebiet und richteten größtes Unheil an. Ganz zu Anfang, also während des Elster-Glazials, drängten die Eismassen sogar bis auf den Unterharz hinauf. Der Beweis: Unter den Geschieben, die im Raum Straßberg-Siptenfelde nach dem Abtauen liegen blieben, befanden sich auch Gesteine aus dem Harzvorland. Im Raum Halberstadt könnte die Gletschermächtigkeit etwa 250 Meter betragen haben. Demnach überragte keine der Vorlandhöhen den Eisschild. Für den letzten Vorstoß reichte der frostige Nachschub jedoch nur noch bis zum Harzrand mit geschätzter Eisdicke von 50 bis 70 Metern.

Schon die erste Eisgewalt hatte genügt, um das gesamte Relief im Harzvorland umzugestalten. Alle Teufelsmauern waren restlos beseitigt: umgestoßen, aufgerieben.

Rechts neben dem Gebäudekomplex der ehemaligen Segelflugschule der Große und Kleine Gegenstein bei Ballenstedt, die sich im Luftbild wie zwei große Raupen durch die Landschaft schlängeln.

Erst mit dem Abschmelzen der jüngsten Eisüberdeckung im Saale-Glazial begann der gestalterische Neuanfang. Das mag vor etwa 150000 Jahren gewesen sein. Damals floss die Saale zeitweise durch das Harzvorland, denn die Eismauer versperrte ihr den gewohnten Weg. Hallenser Porphyrgerölle im Schotter bei Aschersleben sind der untrügliche Beweis für die Richtungsänderung. Nach der Tiefe der Erosionsrinnen zu urteilen, die im ehemaligen Braunkohle-Tagebau Nachterstedt aufgeschlossen waren, könnte hier sogar eine Wipper-Saale-Elbe durchgeflossen sein. Gewaltige Wassermassen drängten im arktischen Sommer durch das Urstromtal zwischen Harz und Eisrand – streckenweise auch unter dem Eis – Richtung Nordwesten. Tiefer und tiefer gruben sich die Fluten in den vom Dauerfrost freigegebenen Untergrund. Blank gescheuert zeigten sich die ersten quarzitischen Klippen, die »Urteufelsmauer«. Und wären sie nicht zufällig in Stromrichtung positioniert gewesen – der erste Hochwasserschwall hätte sie hinweggefegt. Noch heute demonstrieren die unterspülten Felsabbrüche des Kuckucksberges bei Westerhausen Höhe und Dynamik des Schmelzwassers.

In der letzten Eiszeit, dem Weichsel-Glazial, gelangte das Inlandeis nicht mehr in das Harzgebiet. Jedoch selbst in dieser Zeit wurde beträchtlicher Schaden an den Klippenzügen angerichtet, diesmal aus der Ferne. Windschliff stellte dabei das geringste Übel dar. Unheilvoller wirkte sich der sommerliche Tagesrhythmus des arktischen Klimas aus. Der über Jahrtausende anhaltende ständige Wechsel zwischen Gefrieren und Auftauen lockerte den oberflächennahen Felsverband der Klippen. Wuchtige Blöcke stürzten durch ihr Eigengewicht herab. Die Nachwirkungen reichen noch bis in die Gegenwart, was neuere Abbrüche belegen. Der Teufel rächt sich eben auf seine Weise: Felsstürze sind nicht vorhersehbar.

Was von der Mauer übrig blieb

Frühjahrs-Stimmung an den Gegensteinen – vom Zehling aus betrachtet. Zu sehen ist das eng verzahnte Mosaik einer historischen Kulturlandschaft aus alten Obstplantagen, Schafhutungen sowie angrenzenden Äckern. Beim Zehling handelt es sich um das Wäldchen, in dem im zeitigen Frühjahr Tausende von Märzenbechern ihre Blütenpracht entfalten.

Zur Bezeichnung der einzelnen Mauerstücke einleitend Folgendes: In Anlehnung an die neue Gemeindegebietsreform und angesichts des Wirrwarrs in den Bezeichnungen benennen wir die einzelnen Abschnitte der Teufelsmauer wie folgt: Ballenstedter Teufelsmauer = Großer und Kleiner Gegenstein, Dicker Stein; Thalenser Teufelsmauer = Königstein, Mittelstein, Papenstein und Blankenburger Teufelsmauer = Großvater, Hamburger Wappen, Bärenstein. Wir hoffen, es damit den Besucherinnen und Besuchern sowie den Leserinnen und Lesern leichter zu machen.

Die Ballenstedter Teufelsmauer – die Gegensteine

Großer Gegenstein von Norden aus gesehen

Wer sich über »Die Hohe« östlich von Ballenstedt auf der B 185 in Richtung Harz bewegt, kann die beiden mächtigen Felsen, bekannt als Großer und Kleiner Gegenstein, bei schönem Wetter nördlich der Stadt bereits sehen.

Die Gegensteine bilden den ersten, deutlich sichtbaren Abschnitt der Teufelsmauer, zu dem noch der Dicke Stein bei Rieder gehört: mit einer Höhe von nur sieben Metern ein Winzling gegen die anderen »Mauerstücke«. Wie ein Solitär steht er einsam auf dem schmalen Grad des Schierbergs.

Ein wenig bekanntes Verbindungsstück zwischen den Gegensteinen und dem Dicken Stein, oder was davon übrig geblieben ist, befindet sich auf dem die beiden verbindenden Höhenzug. Es sind drei kleine Felsen, die wie ein Überbleibsel einer einst viel längeren Felsenkette wirken. Zwei davon tragen Namen: die Kutsche und der Mohrenkopf.

Dicker Stein bei Rieder. Selbst vor ansehnlichen Felsen in Naturschutzgebieten haben selbst ernannte Künstler keinen Respekt. Ihre Spraydosen hätten die ungestümen Klippenbesucher doch besser zu Hause gelassen!

Abgebaute Teufelsmauer! Die inzwischen bewaldeten Gruben sind Zeugen des vormaligen Gesteinsabbaus auf dem Schierberg zwischen Ballenstedt und Rieder.

Mohrenkopf – einer der kleinen Felsen auf dem Schierberg. Wahrscheinlich wurde er nur wegen seiner eigentümlichen Form nicht für die Errichtung des Ballenstedter Schlosses verwendet.

Einst könnten es deutlich mehr Felsen gewesen sein, wovon die Vertiefungen auf dem steil nach Norden abfallenden Bergrücken zeugen, sozusagen Steinbrüche in Miniatur mit flachen Böschungen. Dies ist ein eindeutiger Beweis für den Gesteinsabbau über Jahrhunderte. Heute wachsen darin kräftige Eichen und andere Baumarten, sodass kaum noch etwas an den ursprünglichen Steinbruchbetrieb erinnert. In einem kleinen Steinbruch nahe den Gegensteinen sind Spuren eines Bohrmeißels zu sehen, die davon zeugen, dass der Abbau noch in jüngerer Zeit stattfand. Unklar ist, ob wirklich Fels über Geländeniveau gebrochen wurde. Möglicherweise hatte dieser Teil nicht das Glück, rechtzeitig für die Sommerfrische entdeckt zu werden, wie der Löbbecke-Stieg an der Blankenburger Teufelsmauer.

Gegenüber dem Schierberg liegt die Anlage der Roseburg. Diese Burg entstand nicht im Mittelalter, sondern wurde 1908 vom Architekten Bernhard Sehring entworfen. Dieser ließ sie an der Straße zwischen Ballenstedt und Rieder auf dem Höhenzug des Steinberges errichten. An dieser Stelle wird allerdings bereits 963 eine Rudeloffsburg bzw. Rolevesborch erwähnt.

Der Stumme und der Laute

Der Stumme (Großer Gegenstein) von Süden aus gesehen. Wenn es schon mit dem Echo nicht klappt, so kann man sich bei etwas Glück an beeindruckenden Wolkenbildungen erfreuen. Vor allem auch über dem Harz, wenn die Westwinde versuchen, regenreiche Wolken über den Brocken zu schieben.

Über die Bezeichnungen »Stummer« und »Lauter« Gegenstein, als solche bereits in der Sage erwähnt, ist in einem alten Harzführer zu lesen: »Der westliche heißt der laute, weil er von der Südseite ein deutliches Echo giebt, und das östliche wird der stumme genannt, weil er früher den ihm Zurufenden nicht gut antworten wollte, als sein Nachbar. Jetzt fängt er indeß auch an, sich vernehmen zu lassen, vielleicht weil man eine Erhöhung weggeräumt hat, und man kann es diesem bemoosten Haupte umso weniger verargen, daß er seine Stimme erhebt, je mehr es Sitte wird, daß Unverständige in den wichtigsten Angelegenheiten ihre Stimme, die meistens auch nur als Echos zu betrachten sind, geltend zu machen« (nach Schöner 2000). Der Harzführer beschreibt wohl die Situation nach der Herrichtung des »Stummen« (Großer Gegenstein) im Jahr 1817 mit Treppen und Handläufen für die Begehung. Das Echo ist heute an beiden Felsen, egal von welcher Seite, nicht sehr beeindruckend, um nicht zu sagen, man hört nichts.

Durch eine Art Kamin wird man im Großen Gegenstein nach oben zur Aussichtsplattform mit Kreuz geführt. Von dort bietet sich ein einmaliger Rundblick auf den Harz und sein Vorland.

Großer Gegenstein

Das Kreuz auf dem Großen Gegenstein

Der gläubige Mensch ist geneigt, Kreuze aufzustellen. Nicht nur auf Gotteshäusern, auch auf Bergspitzen. Fehlen diese, können es auch hohe Felsen sein. Ziel ist es immer, dass das Kruzifix und die Botschaft weit in das Land strahlen. Ein solches Kruzifix wurde im Jahr 1863 zum Andenken an die 50-Jahr-Feier der Schlacht bei Leipzig auf dem Großen Gegenstein errichtet. Doch bereits in einem Wintersturm des folgenden Jahres ging es zu Bruch.

Wilhelm von Kügelgen berichtet am 29. Dezember 1863 seinem Bruder über das missliche Ereignis: »Am 18. October errichteten wir aus gesammelten Beiträgen, als am Jubeltag der Leipziger Schlacht, unter Musik, Böllerschüssen und Reden und im Beisein der halben Bevölkerung des Oberherzogthums, auf dem Gegensteine ein massives Kreuz von 27 Fuß Höhe – fast so hoch als der Felsen, auf dem es stand. Man sah es durch das ganze Land. In der Nacht vom 3. auf den 4. Dec. Schickte Gott der Herr einen Orkan von Süden her, der den Stamm des Kreuzes, etwa 2 Mannshöhen von der Basis, mitten durchbrach wie einen Strohhalm. Leid that es mir, daß ich es nicht stürzen sah, und lieb war mir's, daß ich nicht mehr als einen Thaler dazu gegeben. Wer an Omina glaubt der könnte bange werden« (nach Schöner 2000).

Bald danach wurde das Kreuz durch ein neues, »gut verankertes«, wie es heißt, ersetzt.

Tipp

Die Gegensteine sind von zwei westlich davon gelegenen Parkplätzen erreichbar. Am westlichen Ortsausgang von Ballenstedt, am Gelben Haus, einem turmähnlichen Rundbau, nimmt man den Weg in Richtung Norden. Nach etwa 1,5 Kilometern trifft man auf die Parkplätze, wobei sich der obere direkt am Fuß des Kleinen Gegensteins befindet.

Der Königstein erwacht an einem kühlen Spätsommermorgen.

Die Thalenser Teufelsmauer – Königstein, Mittelstein und Papenstein

Der mittlere Abschnitt ist in Größe, Ausdehnung und Formenvielfalt zugleich der schönste und bekannteste. Er ist allgemein als »die Teufelsmauer« bekannt. Genauer gesagt, sind es drei ansehnliche Felsengruppen in einer steppenartigen Landschaft. Doch zur Natur später. Beginnend im Osten werden die Felsen Königstein, Mittelstein und Papenstein genannt. Die Namen lassen sich wie folgt erklären: Beim Königstein bedarf es keiner Worte, wahrlich erhaben und königlich steht er in der Landschaft. Vor allem von Norden gesehen wirkt er als gewaltige Wand. Das markanteste Felsstück am Königstein ist der Mönch, auch als Adlerfelsen oder Paviankopf bezeichnet. Doch das ist Ansichtssache und hängt davon ab, von welcher Seite und in welchem Licht man die steile Felsnase betrachtet. Der Mittelstein befindet sich nicht nur in der Mitte der beiden anderen Felsen, er ist auch von mittlerer Größe. Papenstein ist abgeleitet von seinem ehemaligen Besitzer, der Kirche, deshalb auch Pfaffenstein.

Wie schon am Königstein hat an der gesamten Teufelsmauer fast jede eigentümlich aussehende Felsbildung ihren eigenen Namen. Am Mittelstein ist es die »Schweineschnauze«, einem aufspringenden Borstentier gleich, das dem Besucher östlich davon begegnet. Bald öffnet sich ein Fenster, wie sollte es anderes sein, das »Teufelsfenster«. Es ist eine rechteckige Öffnung im Fels, 50 Zentimeter breit und 120 Zentimeter lang. Nach der Lage der Steinpackungen zu urteilen, ist es ein natürlich entstandenes Fenster, durch das man einen schönen Blick auf die Warnstedter Mühle hat. Am westlichen Ende des Papensteins begegnen wir einer überdicken Insektenraupe mit einem Horn am Hinterteil, die an eine Schwärmerraupe erinnert. Aus anderer Perspektive wirkt auch dieser Felsen wie ein Schwein. Überhaupt sehen die Felsen am Papenstein aus wie eine ganze Schweineherde. Darunter zwei in eindeutiger Körperstellung – und das auf dem Papenstein! Gleich daneben ein »AT-AT-Kampfläufer«, wie aus einem Star-Wars-Film. Doch schauen Sie sich die vielen merkwürdigen Formen selber an – lassen Sie sich inspirieren.

Königstein

Mittelstein

Papenstein

Mönch und Bettler – rechts kniet der Bettler in demütiger Haltung, links davon steht der Mönch mit über dem Bauch gefalteten Händen.

Paviankopf – dieser Felsen ist der eigentliche Königstein. Früher versuchten immer wieder mutige junge Männer den Stein zu erklettern – auch ohne Kletterausrüstung. Hochzukommen war wohl nicht so schwer ... Einer von ihnen musste von der Feuerwehr heruntergeholt werden.

Schweineschnauze

Pascha Weitsch: Eine Klippe oben auf dem langen Berg von Westerhausen nach Quedlinburg nach 1780. Die Felsgruppe gibt es heute in dieser Form nicht mehr, doch sind Ähnlichkeiten mit der Schweineschnauze unverkennbar.

Auch ohne große Fantasie ist links im Bild ein davoneilender Eber zu sehen.

Die vielfältigen Formen der Papensteine führen einem imaginäre Wesen vor Augen. Ihre Fantasie ist gefragt.

Der Opferstein

Vertiefungen auf dem Opferstein, die zu Spekulationen Anlass geben.

Ein Opferstein?

An der Südseite des Mittelsteins befindet sich ein tafelähnlicher Stein mit einer Länge von über vier Metern, der seinen Ursprung in der frühen Bronzezeit haben soll und zu Spekulationen Anlass gegeben hat. Sicher scheint, dass der schwere Felsbrocken einem Abbruch nur wenige Meter entfernt entstammt, worauf Spuren am Fels hinweisen. Fachgerecht gelagert auf zwei meterlangen Blöcken, wirkt er tatsächlich wie von Menschenhand dorthin geschafft. Eine wortreiche Erklärung liefert der Quedlinburger Lehrer und Altertumsforscher E. Keil in einem Aufsatz aus dem Jahr 1930, entnommen einer Beilage des Quedlinburger Kreisblattes: »Forscht man in der Nähe weiter, so findet man auch die Stelle, wo der große Deckstein aus dem Felsen gebrochen ist. Sie liegt etwa 14 m entfernt in den Klippen. Hier ist der Block, wohl unter geschickter Benutzung einer natürlichen Klüftung des Gesteins, von seiner Basis losgesprengt. Der Befund zeigt, dass die heutige glatte Oberfläche des Brockens mit der glatten Sprengfläche übereinstimmt. Der riesige Stein, der nach ungefähren Berechnungen zirka 350 Zentner (17,5 Tonnen) wiegt, wurde also hier gebrochen, dann um seine Achse gedreht, das unterste nach oben, 14 Meter weit auf nicht ganz bequemem Gelände weggeschafft, herumgeschwenkt und in eine sorgfältig durchdachte Lage gebracht« (E. Keil 1930, zitiert in Förster 2006). Auch die Vertiefungen auf dem Stein führten beim Verfasser zu diversen Überlegungen. Beruhigend schreibt er im oben zitierten Aufsatz in Anspielung auf diese Einwölbungen, die aussehen wie eine Batterie von kleinen Auffangschüsseln, weiter: »Bei der zu opfernden Flüssigkeit darf der Leser nicht gleich an Ströme von Blut, möglicherweise Menschenblut denken. Es wird meist ein harmloses, bierartiges Getränk gewesen sein« (E. Keil 1930, zitiert in Förster 2006). Letzteres wollen wir ihm glauben – die Gedanken daran, dass es am Opferstein doch nicht so gruselig zugegangen sein könnte, machen den Besuch angenehmer und schmälern nicht den Biergenuss. Einen Wermutstropfen hat die Sache doch: Archäologen und Geologen verweisen nämlich auf fehlende konkrete Untersuchungen oder gar auf das Reich der Fantasie.

Tipp

Die drei Felsgruppen, Königstein, Mittelstein und Papenstein, sind von einem Parkplatz nahe der Bode, direkt an der Straße Neinstedt-Weddersleben, auf einem gut ausgebauten und ausgeschilderten Weg zu erwandern.

Hamburger Wappen

Die Blankenburger Teufelsmauer – Großvater und Hamburger Wappen

Den Abschluss bilden das Hamburger Wappen und der Großvaterfelsen. In ihrer Größe lassen sie sich als mittlere Bruchstücke einordnen. Der Großvaterfelsen ist mit 332 Metern über NHN (Normalhöhennull) der höchste Punkt an der Teufelsmauer. Zu einem Großvater gehört natürlich auch eine Großmutter. Der so benannte Felsen liegt dünn und langgestreckt, im Luftbild das deutlich erkennbare Haupt am östlichen Ende, am Fuße des alten Herrn.

Beim Hamburger Wappen bedarf es nicht viel Fantasie, um zu erkennen, dass die Hansestadt Hamburg oder genauer gesagt ihr Wappen, die Namensgeberin für den dreizackigen Felsen war.

Zwischen Großvater und Hamburger Wappen, gut versteckt auf dem Kamm des Heidelbergs, befindet sich ein niedriges, aber sehr mauerähnliches Teilstück von einigen hundert Metern, der Löbbecke-Stieg. Carl Löbbecke war von 1850 bis 1859 Bürgermeister in Blankenburg. Im Jahr 1853 ließ er diesen Teil für die Sommerfrischler, wie die Touristen damals hießen, herrichten. Der Lokalität angemessen, erhielten die Felsen teuflische und gruslige Namen wie »Thron des Teufels«, »Teufelsgrotte«, »Gewittergrotte« und am Hamburger Wappen die »Badewanne des Teufels«, eine größere Vertiefung im Sandstein.

Der Löbbecke-Stieg hätte bald einen deutlich größeren »Untermieter« bekommen: Einen 600 Meter langen Tunnel durch den Heidelberg, der als Teilstück der 5,3 Kilometer langen Ortsumfahrung Blankenburg zwischen den Bundesstraßen 6 neu und 81 gedacht war. Wie so oft bei Straßenplanungen, verschwanden diese zunächst wieder in der Schublade.

Zu erwähnen sind zwei weitere Felsen östlich von Heimburg, die ebenfalls zum Blankenburger Teil gehören, der Bärenstein und der Hennig. Letzterer erinnert ein wenig an den Dicken Stein bei Rieder. Nach einer alten Sage auch »Hans Mönch« und »Henning Mönch«. Sie sind etwas in Vergessenheit geraten, nur ein naher Walderlebnispfad ist nach dem größeren Bärenstein benannt.

Tipp

Der Großvater bei Blankenburg ist nicht zu verfehlen. Von einem Parkplatz an der Gaststätte »Zum Großvater« am Großvaterweg ist er schon zu sehen. Von dort aus ist es auch zum Löbbecke-Stieg nicht weit. Für einen Besuch des Hamburger Wappens bietet sich ein Parkplatz am Sportplatz am nördlichen Ortsrand von Timmenrode an.

Nein – das ist kein Pfeilgiftfrosch. Dieser Stein ganz in der Nähe des Großvaterfelsens wird durch die Stämme der Kiefern von der Abendsonne beschienen.

Großvaterfelsen

Vom Felsen der Großmutter aus gesehen, erstrahlen das Schloss und die Stadt Blankenburg im goldenen Abendlicht.

Durch den Kiefernwald in der oberen Bildhälfte verläuft – als gezacktes Band erkennbar – die Blankenburger Teufelsmauer, hier Großvater, Großmutter und Löbbecke-Stieg. Das rundliche Ensemble rechts unten ist das Schloss Blankenburg.

Wo auf dem Löbbecke-Stieg keine Kiefern stehen, haben sich knorrige Rotbuchen und Traubeneichen eingefunden. Sie sind viel älter als der angrenzende Nadelwald. Mit ein wenig Vorstellungsvermögen könnte man diesen Abschnitt mit dem Märchenwald auf Rügen verwechseln. Nun gut – das Meeresrauschen fehlt …

Der Löbbecke-Stieg verläuft fast ausschließlich direkt auf dem Kamm des Heidelberges. Obwohl das Bezwingen der Felszinnen recht schwierig erscheinen mag, können sich auch ängstliche Naturen hinaufwagen. Stufen und Geländer geben einen sicheren Halt.

Der Teufelsturm auf dem Löbbecke-Stieg

Kein gewachsener Fels – nur die Wurzeln einer alten Buche am Löbbecke-Stieg

Unter diesem mit alten Buchen bestockten Wald am Nordhang des Heidelberges könnte vielleicht eines Tages eine Straße verlaufen. Zurzeit dürfen die eigenen Kräfte in einem nahe gelegenen Kletterpark ausgetestet werden.

Der Name »Teufelsmauer« – nur eine Verwechslung?

Es verwirrt, wenn man erfährt, dass die Teufelsmauer bei Thale einst als »Gegensteine« bezeichnet wurde, also genau so, wie heutzutage die beiden Felsen bei Ballenstedt. Der Name soll zurückzuführen sein auf »Kehnstein«, was so viel wie Verkündungsstein bedeutet (Förster 2006). Auch Königstein soll sich davon ableiten lassen. Noch im Jahr 1800 ist in einem Bericht über einen Unfall mit Todesfolge in einer Sandkuhle vom »Hohen Gegenstein« – heute Königstein – zu lesen.

Schuld an der Verwechslung soll Johann Georg Leuckfeld (1668–1726) haben, seinerzeit ein vielseitiger Gelehrter (Theologe, Historiker, Schriftsteller), dem der Patzer in seinen »Blankenburgischen Antiquitäten« passiert sein soll (Förster 2006).

Tatsächlich gibt es in der Region einen Steinwall, der ursprünglich den Namen »Teufelsmauer« trug. Nach Recherchen von Fuhrmann und Vogt (2007) wurde einst die Wallanlage auf dem Hexentanzplatz bei Thale – heute als Sachsenwall bekannt – so bezeichnet, lange bevor das deutlich größere Pendant im Vorland – verwechslungsbedingt – diesen Namen erhielt. Fuhrmann und Vogt (2007) nennen gleich mehrere Quellen, die das eindeutig belegen und fanden Analogien bis hin zu fast gleichlautenden Sagen. Mit diesem Wall soll Leuckfeld den Felszug nördlich von Thale verwechselt haben, der damals eigentlich »Gegenstein« hieß. Noch Fragen?

Förster (2006) charakterisiert Leuckfeld als »naiven Autor«, mit »naiv-treuherzigen Ansichten«, der mit der »Deutung bestimmter Phänomene noch heute für so manches Schmunzeln sorgt«. Diese Untugenden sind aus heutiger Sicht allerdings verständlich und somit entschuldbar. Viele Naturerscheinungen ließen sich damals einfach nicht erklären. So einfältig war der Gescholtene nämlich nicht. Er war bekannt durch das Auffinden und Sammeln von verschollen geglaubten mittelalterlichen Schriften. Darunter befand sich die Heiratsurkunde von Kaiserin Theophanu (circa 960–991), der Frau von Kaiser Otto II. (955–983), die er im Jahr 1700 im Stift Gandersheim fand. Die Kaiserin weilte nachweislich mehrfach in Quedlinburg, so zu einem Hoftag im Jahr 986. Eine ihrer Töchter war Äbtissin im Frauenstift zu Quedlinburg, einer »Luxusherberge« für unverheiratete Töchter aus dem Hochadel. Gegründet hat das Stift, auch Reichsstift, ihr Schwiegervater Kaiser Otto I. (912–973) im Jahr 936 auf dem Burgberg. War Kaiserin Theophanu an der nicht weit entfernten Teufelsmauer? Wir wissen es nicht, doch nichts ist unmöglich.

Schloss Quedlinburg und Stiftskirche

Sachsenwall auf dem Hexentanzplatz bei Thale

Raubbau an der Teufelsmauer – wenn das der Teufel wüsste!

Das Ausgangsmaterial

Der harte Sandstein (Quarzit) wurde früher in mehreren Brüchen abgebaut und als Baumaterial in den umliegenden Ortschaften verwendet. So besteht die Westmauer des Schlosses in Ballenstedt aus den Steinen der Gegensteine. Auf dem Schierberg bei Rieder, gleich neben dem Dicken Stein, sowie im Aßmusstedter Holz östlich der Gegensteine, sind heute noch die Abbruchkanten und Halden des ehemaligen Gesteinsabbaus zu sehen.

Schloss Ballenstedt

Einer der Steinbrüche an der Teufelsmauer liegt am Aufgang zum Königstein, in der Nähe des Parkplatzes an der Bode.

Weddersleben

Kirche Weddersleben

Vieles in Weddersleben wie Kirche, Straßen und andere Gebäude sind aus dem Sandstein der Teufelsmauer erbaut worden. Im dargestellten Bild ist der »Schmale Klink« zu sehen. Dort wurden alle über der Geländeoberkante stehenden Felsen abgebaut.

Teufelsmauerpflaster in Weddersleben

In Weddersleben wurden 1714 besonders große Mengen des Gesteins für den Neubau der Kirche und 1723, nach einem Brand, zum Wiederaufbau von 38 Wohnhäusern gebraucht. Damit nicht genug, die Palette der Verwendung der Steine ist lang. Nicht nur für den Hausbau, als Pflastersteine, für Mauern und Brunnen, selbst das Bodeufer befestigte man damit. Hans-Joachim Lerche aus Weddersleben hat diese leidige »Materialgeschichte« genauer untersucht, indem er unter anderem alte Kirchenrechnungen aus seinem Ort auswertete (Lerche 2002). Er hat eine lange Liste zusammengestellt, beginnend im Jahr 1661, darin genau aufgeführt: die Menge, den Ort und Zweck der Verwendung sowie den Preis. Dazu ein Beispiel: 1585 wurde für einen Hauberg Steine von fünf Fudern für das Fundament des Schaf- und Schweinestalls auf der Pfarre 15 Groschen und 6 Pfennige eingenommen. Die Aufzählung endet nach längerer Pause erst 1933/34 mit dem Brechen von Pflastersteinen an der Ostseite des Königsteins. Der Bürgermeister wollte den Arbeitslosen des Ortes damit eine Beschäftigung geben. Doch die Arbeiten endeten bald, als eine Wand einstürzte und die Arbeitsgeräte unter sich begrub. Menschen kamen nicht zu Schaden. Zwischen Mittel- und Papenstein verschwand so durch den Abbau ein ganzer Felsen, der »Schmale Klink«, von dem nur ein kleiner Hügel übrig geblieben ist. Erst der Landrat von Quedlinburg machte damit Schluss, doch dazu später.

Prominenz an der Teufelsmauer

»Caspar David Friedrich lässt grüßen«, fällt einem spontan beim Betrachten der Bilder ein. Aber nicht nur der berühmte Maler der Romantik war im Harz unterwegs, auch Goethe und andere damalige Größen. Wenn Goethe selbst an der Teufelsmauer war, bot sich ihm vielleicht ein ähnlich grandioser Sonnenaufgang.

Unter den Harzreisenden, die sich von der Landschaft des kleinen Gebirges begeistern ließen und die Teufelsmauer nicht aussparten, waren viele Künstler. Eigentlich waren sie fast alle da, ließen sich von ihr inspirieren und verarbeiteten sie in ihren Werken. Joseph von Eichendorff spricht von der »fürchterlich schönen Teufelsmauer«, Theodor Fontane erwähnt sie in seinem Roman »Cécile«, Hans Christian Andersen hat sie zumindest besucht und Ludwig Richter hat sie in einem Stahlstich festgehalten. Einer dieser Berühmtheiten war kein Geringerer als der Dichterfürst Johann Wolfgang von Goethe. Er weilte fünfmal im Harz, darunter drei mehrtägige Studienaufenthalte zwischen 1777 und 1784. Wie begeisterungsfähig Goethe war, zeigt sich bereits während seines ersten Harzbesuchs, als er gemeinsam mit dem Förster Degen am 10. Dezember 1777 bei hoch winterlichen Bedingungen den Brocken erstieg. Er schrieb in sein Tagebuch: »Heitrer herrlicher Augenblick, die ganze Welt in Wolken und Nebel und oben alles heiter« (Juranek 1999). Am

Sollte er die Teufelsmauer nur von der Rosstrappe aus gesehen haben, muss der Anblick nicht langweiliger gewesen sein.

selben Abend noch überschwänglicher in einem Brief an seine Freundin in Weimar, Charlotte von Stein: »Es ist schon nicht möglich, mit der Lippe zu sagen, was mir widerfahren ist, wie soll ich's mit dem spitzen Ding hervorbringen« (Juranek 1999). Dies verdeutlicht, welche Begeisterungsschübe die Erlebnisse im Harz bei Goethe ausgelöst haben müssen. So sehr, dass er sich als Dichter im höchsten Maße davon inspirieren ließ und später seine Erinnerungen in seinem Meisterwerk, dem »Faust«, niederschrieb. Er verlegte viele Szenen in den Harz, zum Beispiel die Walpurgisfeier auf dem Brocken, und setzte somit dem Harz ein literarisches Denkmal.

Zunächst betrieb Goethe während seiner Harzreisen ausgiebige wissenschaftliche Studien. Er war ein Forschungsreisender, der sich mit Geologie und Mineralogie befasste, er ließ Felsen zeichnen und nahm Gesteinsproben. Mehrfach weilte er im Bodetal bei Thale.

Johann Wolfgang v. Goethe reiste 1784 in den Harz. Der Weimarer Maler Georg Melchior Kraus begleitete ihn und fertigte unter anderem die Zeichnung des Königsteins »Teufelsmauer bei Thale gegen Quedlinburg« an.

Goethestein mit Plakette am Wanderweg vor dem Königstein

Den Ausblick auf die Gegensteine hat Bertha v. Kügelgen (1828–1853), eine Tochter Wilhelm v. Kügelgens, gemalt.

Caroline Bardua: Porträt Caspar David Friedrichs, 1810

Bemerkenswert ist es daher, dass er die wenige Kilometer entfernte Teufelsmauer weitgehend vernachlässigte. Erst auf seiner letzten größeren Harzreise, in Begleitung des Malers und Kupferstechers Georg Melchior Kraus, wird ein Besuch der Teufelsmauer bei Weddersleben und Timmenrode angenommen (Juranek 1999, Sternal 2015). Goethes Aufzeichnungen lassen diesen Schluss zu. Sicher ist aber nur, dass Kraus am 10. September 1784 den Königstein in einer Zeichnung verewigte. Anzunehmen ist, dass Goethe dieses Motiv auswählte. Ob nun in Persona anwesend oder nicht, verdanken wir Goethe offenbar eine schöne Zeichnung vom

Großer Gegenstein

Königstein. Dies war allemal ein Grund, dem großen Dichter am Ort des Geschehens ein Denkmal, den Goethestein mit Plakette, zu setzen, wie es vor einigen Jahren auf Initiative des Fördervereins Teufelsmauer erfolgte.

Am 24. Juni 1811 skizzierte Caspar David Friedrich während eines kurzen Aufenthalts in Ballenstedt die Gegensteine. Er unternahm im Sommer jenes Jahres gemeinsam mit dem Bildhauer Gottlob Christian Kühn eine Wanderung durch den Harz, die uns eine reiche Ausbeute schöner Bilder bescherte. Dabei zählen die Skizzen von den Gegensteinen eher zu den weniger bekannten Werken des Malers. In Ballenstedt besuchten sie die Schwestern Caroline und Wilhelmine Bardua. Caroline ließ sich in Weimar und Dresden als Malerin ausbilden, unter anderem von Gerhard von Kügelgen, dem Vater von Wilhelm. Caroline Bardua war eine gute Schülerin, denn der Sohn schrieb später fast überschwänglich: »An Ausdauer, Fleiß und Konzeptionsfähigkeit übertraf sie ihr Geschlecht und zeichnete sich aufs Vorteilhafteste vor allen übrigen Schülerinnen meines Vaters aus« (Zschoche 2000). Während ihrer Ausbildung in den beiden Städten lernte sie bereits Goethe und Friedrich kennen, die sie später porträtierte. So klein war damals schon die Welt. Die Schwester, Wilhelmine Bardua, war eine Sängerin.

Von Caspar David Friedrich ist es nicht weit zu Wilhelm von Kügelgen, mit dem er befreundet war. Kügelgen gilt als Porträt- und Historienmaler sowie als Schriftsteller. Sehr bekannt geworden ist er durch sein Buch »Jugenderinnerungen eines alten Mannes«. Im Jahr 1833 wurde er Hofmaler und Kammerherr des Herzogs Alexander Carl von Anhalt-Bernburg auf Schloss Ballenstedt. Von den Gegensteinen, den beiden majestätischen Felsen vor den Toren der Stadt, war auch Kügelgen angetan, besuchte er sie doch gern mit der ganzen Familie. Es überrascht daher nicht, dass seine Töchter, Anna und Bertha, die Sandsteinfelsen in kleinen Aquarellen einfingen. Mit im Schlepp der Familie war der Ziegenbock Hippel: »Das zottige Ungeheuer lief neben uns her ganz wie ein Hund« (Schöner 2000).

Die Teufelsmauer in der Vorzeit

Die Quarzite der Teufelsmauer sind teilweise extrem verfestigt und hart. Daher ist es nachvollziehbar, dass dieses Material bereits in der Steinzeit für das Herstellen von Werkzeugen genutzt wurde.

Die Teufelsmauer ist ein uraltes Siedlungsgebiet. Dies beweisen archäologische Funde aus mehreren Epochen der Menschheitsgeschichte, von der Altsteinzeit bis zur römischen Kaiserzeit. Als erste Zeugnisse menschlicher Besiedlung gelten die Funde zahlreicher Kernsteine aus dem harten Sandstein (Quarzit), aus dem die Teufelsmauer aufgebaut ist. Es sind Bruchstücke, die bei der Herstellung von Werkzeugen übrig geblieben sind. Doch auch die fertigen Produkte wie Faustkeile und Schaber wurden gefunden. Bisher ging man davon aus, dass die damaligen Menschen auf den Sandstein als Ausgangsmaterial für ihre Werkzeuge zurückgreifen mussten, weil der anderswo verwendete Feuerstein im Harz nicht vorkam. Dies stimmt nicht ganz, wie der Fund eines Feuersteinbergwerkes bei Erdeborn im Landkreis Mansfeld-Südharz im Jahr 2013 zeigt. Die Menschen an der Teufelsmauer, die deutlich früher lebten, kannten offenbar diese Lagerstätte noch nicht.

Schloss und Stiftskirche Quedlinburg

Zahlreicher sind die Funde aus der Jungsteinzeit, dem Neolithikum. Diese Epoche kennzeichnet den Übergang von den nomadisch lebenden Jägern und Sammlern zu den sesshaften Ackerbauern und Viehzüchtern. An der Teufelsmauer ließen sich Spuren der Linienbandkeramischen, der Stichbandkeramischen, der Walternienburger, der Bernburger, der Schnurbandkeramischen sowie der Glockenbecher Kultur nachweisen. Die klangvollen Namen dieser Kulturen wurden aus den Verzierungen sowie den Formen ihrer Gefäße abgeleitet. Diese wurden als Urnen für die Bestattung der Verstorbenen genutzt. Solche Begräbnisstätten, man spricht von Urnenfeldern, wurden an mehreren Stellen entlang der Teufelsmauer gefunden. Noch heute sind auf den Feldern Keramikscherben zu entdecken.

Der Schmuck des Teufels?

Dort, wo heute am Kleinen Gegenstein eine ehemalige Segelflugschule zu finden ist, befand sich eine bronzezeitliche Siedlung.

Eine Kultur der ausgehenden Bronzezeit ist die »Helmsdorfer Gruppe« (1300/1200 bis 600 v. Chr.), benannt nach einem Gräberfeld auf dem Sehringsberg nahe Heiligenthal, Ortsteil Helmsdorf, heute Stadt Gerbstedt. Ihre Vertreter siedelten vor allem im östlichen und nördlichen Harzvorland. In Quedlinburg, der heutigen Weltkulturerbestadt, bauten sie den Burgberg vermutlich sogar zu einem Bollwerk aus. Am Großen Gegenstein ließ sich eine der »landschaftlich schönsten und typischen Höhensiedlungen« (Schmidt u. Nitzsche 1977) nachweisen. Ungeklärt blieb, ob diese Siedlung befestigt war. Gleich daneben, am Kleinen Gegenstein, hatten die Helmsdorfer auf den nördlich angrenzenden Terrassen eine mächtige Wallburg errichtet, die etwa acht Hektar einnahm. In der jungbronzezeitlichen Höhensiedlung, nahe dem Plateau, gelang ein reicher Hortfund. Das ist die Bezeichnung für den Fund eines Depots mit Opfergaben an die Götter, in das die Menschen damals Wertgegenstände aus Metall legten. Am Kleinen Gegenstein barg man darin bronzene Stücke, darunter Hakenspiralen – Vorläufer des Reißverschlusses, mit dem die Gewänder zusammengehalten wurden – sowie gedrehte Halsringe. Die wertvollen Stücke gehörten somit nicht dem Teufel, sondern waren noble Accessoires der Damen aus der Bronzezeit.

Eine weitere große, unbefestigte Höhensiedlung, auf zwei bis drei Hektar, wurde nördlich von Timmenrode gefunden, in der Nähe des Hamburger Wappens. Die Wahl der Örtlichkeiten beweist: Schon unsere Vorfahren waren Ästheten und hatten einen Blick für schöne Landschaften!

Die Menschen bauten damals Dinkel, Emmer und Einkorn an, das sind die Vorgänger unserer heutigen Getreidesorten. An fleischlicher Kost ließen sich an anderen Fundplätzen Hirsch, Reh und Rind nachweisen.

Diese Kultur endete in der frühen Eisenzeit um 600 v. Chr., wobei für ihr Verschwinden kriegerische Auseinandersetzungen nicht auszuschließen sind. Darauf weisen Funde sogenannter Katastrophenhorizonte in Siedlungen im östlichen Harzvorland hin.

Dieser bronzezeitliche Schmuck, der sich heute im Städtischen Museum in Ballenstedt befindet, wurde am Kleinen Gegenstein gefunden.

Natur an der Teufelsmauer

Im Wald der Märzenbecher

Märzenbecherblüte

Wald ist rund um die Teufelsmauer nur kleinflächig vorhanden. Klein aber fein, könnte man sagen, denn die inselartigen Wäldchen entlang der Teufelsmauer sind wahre Schmuckkästchen. Als Beispiel sei das Wäldchen »Der Zehling« nahe der Gegensteine (Ballenstedter Teufelsmauer) genannt. Im Frühjahr bedecken Tausende von Märzenbechern den Waldboden und ziehen viele Besucherinnen und Besucher in ihren Bann. Die Pflanzen haben einen feinen, kaum spürbaren Duft, der erst durch die unzähligen Blüten zur Geltung kommt. Der Pfad, der durch den nassen, moorigen Grund führt, wird gesäumt von alten, mächtigen Eschen. Im Sommer blühen Türkenbundlilien in üppiger Pracht in dem Wald, mehr als anderswo, denn das Rehwild, das sich daran gern vergreift, ist wegen der nahen Gebäude hier nicht so zahlreich. An das kleine Märzenbecherwäldchen, auf dem Weg zum Dicken Stein, schließt sich westlich der Schierberg an. Auf dessen Nordabfall ist uriger Baumbestand aus verschiedenen Laubbäumen zu bewundern. Darin befindet sich eines der größten Vorkommen des Keulen-Bärlapps im Harzvorland, der mit den

Märzenbecher bedecken im Zehling fast den gesamten Waldboden, deshalb den Pfad nicht verlassen! Der Wald ist Privatbesitz.

Kamm-Wachtelweizen

Schachtelhalmen verwandt ist. Sein Hauptvorkommen hat er in den Nadelwäldern des Harzes. Die Thalenser Teufelsmauer ist hingegen waldarm. Erst an der Blankenburger Teufelsmauer finden wir wieder geschlossenen Wald, bestehend aus Kiefern- und wenigen Eichenbeständen. Diese Felsen sind überwiegend vom Wald umschlossen. Erwähnenswert ist das Vorkommen des Kamm-Wachtelweizens, einer seltenen Pflanzenart, die an Wärme liebende Laubwälder gebunden ist.

Diese Türkenbundlilien wachsen im Zehling zwischen den mächtigen Eschen.

Maiglöckchen

Direkt im Schierberg findet sich uriger Wald, mal düster, kühl und schattig, mal höher und lichter.

Von der Großen Prinzessin und anderen köstlichen Früchten

Am Königstein sowie am Mittelstein gibt es noch alte Obstbaumbestände. Aufgrund ihres Alters brechen sie jedoch langsam zusammen. Soweit möglich, werden sie durch alte Sorten aus der Region ersetzt. Gelegentlich finden Obstsortenbestimmungen statt, die sich großer Beliebtheit erfreuen. Die Prozedur dauert oft Stunden, doch am Ende ist das Erstaunen über die vielen alten Obstsorten, die es noch in den alten und teils offen gelassenen Plantagen gibt, immer wieder groß.

Obstbäume unterschiedlicher Arten und Sorten im lockeren Verband, meist als Mittel- oder Hochstämme, oft auf Grünland, sind hierzulande allgemein als Streuobstwiesen bekannt. Der Streuobstwiesenanbau ist in Deutschland schon sehr alt. Im Schwarzwald wird er bereits im Mittelalter beschrieben. In Anhalt, wozu damals die Ballenstedter Teufelsmauer gehörte, war es Franz von Anhalt-Dessau (1740–1817), der »das Schöne mit dem Nützlichen verband« und viele Obstpflanzungen zur Obsterzeugung, aber auch zur Verschönerung der Landschaft anlegen ließ (Ryl u. Schuboth 1996).

Im Frühjahr, zur Blüte, sind diese Obstwiesen an der Teufelsmauer eine Pracht. Vor allem ausgedehnte Kirschwiesen mit Großer Prinzessin, Querfurter Königskirsche und anderen Sorten mit klangvollen Namen nehmen große Flächen ein oder säumen die Wander-

Kirschblüte an der Thalenser Teufelsmauer

wege, darunter wenige alte Birnen- und Apfelbäume. Die Kirschblüte – und natürlich auch die Kirschernte – ist besonders an der Ballenstedter und Thalenser Teufelsmauer erlebbar und zu genießen.

Dank der Aufzeichnungen und Recherchen von Manfred Bink, seines Zeichens Diplom-Ingenieur für Gartenbau, wissen wir über die Pflanzaktion an der Thalenser Teufelsmauer gut Bescheid (vgl. Bink 2002). Eine der ersten Pflanzungen geht auf das Jahr 1922 zurück – also zu Zeiten der Weltwirtschaftskrise –, um die Eigenversorgung mit Obst zu sichern. Auf Anraten der Gemeinde wurden Süßkirschen an der Südseite des Königsteins gepflanzt. Von 1954 bis 1956 erfolgten Nachpflanzungen – wieder in knappen Zeiten – war es doch erforderlich, die im Krieg durch Vernachlässigung entstandenen Ausfälle zu ersetzen. Neupflanzungen kamen 1984/85 und 1992 hinzu, weitere sind aktuell in Planung. Heute ist es nicht mehr die Versorgung mit Obst, die im Vordergrund steht, sondern die Wahrung der Obstbautradition und die Erhaltung des Landschaftsbildes.

Hotspot »Teufelsmauer«

Sommerliche Blütenvielfalt direkt am Wanderweg zwischen Mittelstein und Papenstein. Sandpionierrasen sagen die Fachleute dazu. Als »Pioniere« haben sich eingestellt: Silbergras, Greiskraut, Bergsandknöpfchen, Hasenklee und andere.

Der Begriff »Hotspots« (engl.: heiße Flecken) kommt aus der Vulkanologie. Darunter werden Zentren vulkanischer Aktivitäten verstanden – unter einem Hotspot ist es sehr heiß. Zunehmend wird der Begriff im Artenschutz verwandt, von Hotspots der Biodiversität ist die Rede; zu Deutsch: Zentren der Artenvielfalt. Das sind Regionen der Erde, in denen besonders viele Tier- und Pflanzenarten anzutreffen sind, darunter viele endemische Arten, die anderswo nicht vorkommen. Selbst im vergleichsweise artenarmen Mitteleuropa gibt es solche Zentren. Es war deshalb nur folgerichtig, dass im Jahr 2007 die Bundesregierung eine »Nationale Strategie zur biologischen Vielfalt« verabschiedete. Seit 2010 liegt ein solches Papier für Sachsen-Anhalt vor, in dem der Erhalt der biologischen Vielfalt unter anderem in der Harzregion eine große Bedeutung hat.

Ein spezieller Hotspot, genauer gesagt ein Hotspot der Phyto-(Pflanzen)-Diversität,

Neben Schafen weiden auch Ziegen aus dem nahe gelegenen Ziegenhof in Westerhausen im Gebiet der Teufelsmauer. Sie sollen die Gehölze am Aufwuchs hindern.

Felsengoldstern

lässt sich am Harzrand ausmachen. Kaum zu glauben, wird mancher sagen, doch: Die Harzvorländer gehören zu den artenreichsten Gebieten in ganz Mitteleuropa (vgl. Benkert et al. 1996). Henning Haeupler (2001) stuft diese als einen von acht »Hotspots der Gefäßpflanzen-Diversität« in ganz Deutschland ein. Immer noch Fragen? Nicht wenige davon sind Pflanzenarten der Trocken- und Halbtrockenrasen, die ihren Ursprung im kontinentalen und mediterranen Europa haben. Aber wie kann das sein, so weit weg vom sonnigen Süden? Die Antwort ist einfach: Es ist die Regenschattenwirkung des Brockens. Der höchste Berg im Harz mit seinen 1141 Metern bildet eine Barriere, wodurch die Westwinde mit ihren regenreichen Wolken die andere Seite des Gebirges kaum erreichen. Während auf dem Brocken im Durchschnitt über 1600 Millimeter Niederschlag fallen, sind es in Halle (Saale) nur noch 476 Millimeter. Die Folgen sind eine längere Sonnenscheindauer und höhere Temperaturen östlich des Harzes, ähnlich wie im Süden. Diese Gegend wird deshalb auch als das Mitteldeutsche Trockengebiet bezeichnet. Das Hauptvorkommensgebiet dieser Wärme liebenden Pflanzenarten im Nordharzvorland ist im weitesten Sinne die Teufelsmauer. Entstanden sind diese Lebensräume durch Waldauflichtungen nach Rodungen und anschließender Beweidung mit Haustieren, meist mit Schafen und Ziegen. Doch gibt es seitens der Wissenschaft auch andere Auffassungen, die besagen, dass gerade in den Trockengebieten die damals noch lebenden Bulldozer-Arten wie Auerochse und Wisent an der Zurückdrängung des Waldes einen gewissen Anteil hatten. Später sollen die Haustiere diese Funktion übernommen haben.

Wie auch immer diese Lebensräume entstanden sind, heute sind deutschlandweit 486 Pflanzenarten bekannt, die in den Trocken- und Halbtrockenrasen ihr Verbreitungsoptimum haben. Zum Vergleich: In den Wäldern sind 952 Pflanzenarten bekannt, also deutlich

Menschen sollen im Naturschutzgebiet auf den Wegen bleiben. Schafe dürfen dagegen auf den Magerrasen mit seltenen Pflanzen weiden. Wie passt das zusammen? Hätten wir Menschen kleine Hufe und würden nur in bestimmten Abständen an den Gräsern und Kräutern zupfen, gäbe es auch das Wegegebot für uns nicht.

Georg Heinrich Brandes: Motiv von der Teufelsmauer am Vorharz mit heranziehendem Gewitter 1867/1868. Das Gemälde ist nach der Phantasie gemalt. Zwar sind die Konturen des Königsteins erkennbar, doch ist das Gebirge im Hintergrund aus dieser Perspektive nicht zu sehen. Eine Schafherde gibt es dort heute noch.

Fransenenzian

Baltischer Enzian

mehr. Der große Unterschied. Während in den Wäldern nur 11 bis 17 Prozent der Pflanzenarten gefährdet sind, beträgt dieser Anteil in den Trocken- und Halbtrockenrasen 42 Prozent (Korneck et al. 1998).

Leider haben sich diese Besonderheiten der Pflanzenwelt entlang der Teufelsmauer und die Verantwortung dafür bisher nur wenig herumgesprochen. Das mag daran liegen, dass der Harz mit dem Brocken und seinen ausgedehnten Wäldern sowie den schönen Bergwiesen den Raritäten an der Teufelsmauer ein wenig die Show stiehlt.

Wer nach so viel Einstimmung glaubt, Blütenteppiche vorzufinden, ähnlich denen im Frühlingswald, der wird enttäuscht sein. Angepasst an den Extremstandort – im Hochsommer kann das Quecksilber an den Südhängen bis auf 60 Grad Celsius steigen – ist die Vegetation eher von niedrigem Wuchs und die seltenen Pflanzen muss man suchen. Das Erblühen beginnt verhalten im zeitigen Frühjahr mit dem kleinen Felsengoldstern. Im Sommer kommen weitere Pflanzen hinzu, darunter eine schöne Orchidee, die Bienen-Ragwurz, die sich neuerlich ausbreitet, das bizarr wirkende Echte Federgras aus der russischen Steppe, gleich mehrere Enzianarten sowie das seltene Ohrlöffel-Leimkraut und viele andere mehr. Den Hauptanteil am Erhalt der Biotopflächen leistet die junge, engagierte Schäferin Kathleen Bauschke. Sie hat mit ihren Tieren entlang der Teufelsmauer die mühevolle Aufgabe der Biotoppflege übernommen. Ohne diese wichtige und verantwortungsvolle Tätigkeit würden diese einmaligen Biotope bald von Gehölzen überwuchert sein und die seltenen Pflanzen gäbe es in einigen Jahren nicht mehr. Auf zwei Pflänzchen wird nachfolgend näher eingegangen.

Ein Winzling unter den Orchideen – die Herbstwendelorchis

Beim Stichwort Orchideen haben viele von uns prächtige Pflanzen aus tropischen Regionen der Erde vor Augen. Auch unter den heimischen Orchideen gibt es viele attraktive Arten, die es durchaus mit den tropischen Vertretern aufnehmen können. Weniger bekannt ist, dass es sehr unscheinbare Orchideenarten gibt, die – etwas überspitzt gesagt – bei flüchtiger Betrachtung als Grashalm durchgehen könnten. Eine davon ist die Herbstwendelorchis. Als mir vor Jahrzehnten dieser Winzling gezeigt wurde, war ich überrascht: Ein kleines, unscheinbares Pflänzchen mit zarten weißen Blüten »kümmerte« zwischen den Grashalmen dahin. Vor einiger Zeit hatte sich ein Rundfunkreporter angemeldet. Er wollte über die Landschaftspflege mit Schafen berichten und hatte von der Orchidee gehört. Ihm muss es ähnlich wie mir damals ergangen sein, als ich ihm die kleinen Pflanzen zeigte. Er hatte große Mühe, sein Schmunzeln zu unterdrücken. Zum Glück war es »nur« der Rundfunk, der einen schönen Beitrag über die Pflegemaßnahmen sendete. Beim Fernsehen wäre die Wendelorchis vermutlich »durchgefallen«. Dass an der Teufelsmauer in manchen Spätsommern noch einige Tausend Pflanzen der Wendelorchis erblühen, verdanken wir den Mitgliedern des Arbeitskreises Heimische Orchideen, die in einem Projekt des Landkreises Harz die arbeitsintensive Pflege des Orchideenstandortes übernommen haben.

Spiranthes spiralis – man darf aber auch Herbstwendelorchis, Herbst-Drehwurz, Drehähre, Schraubenstendel oder Herbst-Wendelähre sagen.

Die Pflanze mit drei »s« – die Sandsilberscharte

Sandsilberscharte in Blüte

... und verblüht

Eine weitere Rarität rund um die Teufelsmauer ist eine ganz besondere Pflanze. Sie ähnelt einer unscheinbaren Distel – deshalb wohl auch Bisamdistel, – mit der sie weitläufig verwandt ist. Die Sandsilberscharte ist eine der wenigen Pflanzenarten, die einen hohen europäischen Schutzstatus genießt. Sie ist eine prioritäre Art nach der Fauna-Flora-Habitat-Richtlinie, für deren guten Erhaltungszustand Sorge zu tragen ist. Sie ist eine konkurrenzschwache, an Trockenheit angepasste Pflanzenart. Die Sandtrockenrasen im niederschlagsarmen Nordharzvorland sind ihr offenbar trocken genug – hier hat sie noch einige wenige Vorkommenspunkte. In Sachsen-Anhalt sind weitere Exemplare auf Sanddünen entlang der Elbe zu finden, ansonsten erst wieder in Hessen und Baden-Württemberg. Die Situation im Harzvorland ist dramatisch und die Zukunft der Pflanze ungewiss: Von 22 Vorkommen, die bekannt waren, sind nachweislich zwei erloschen und an weiteren neun Standorten ist sie nur noch mit zehn und weniger Individuen anzutreffen (Wegener u. Herdam 2009). Deshalb wird versucht, diese nicht unattraktive Pflanze wieder künstlich anzusiedeln. Als einen Platz dafür haben sich die Fachleute den Teufelsmauergarten ausgesucht.

Ein Mix aus Blüten- und Fruchtständen der extrem seltenen Sandsilberscharte.
Sieht aus wie eine einfache Distel, ist aber keine.

Teufelsmauergarten am Südrand des Königsteines

Die einsame Flechte

Die Einsame ist die kleine Flechte mit weißlichem Rand; die Fachleute nennen sie *Dimelaena oreina*.

Grau und düster stehen die übergroßen Felsbrocken der Teufelsmauer in der Landschaft, doch nur auf den ersten Blick. Wer genau hinschaut, wird ein dezentes Farbenspiel erkennen, in verschiedenen Grau- und Grüntönen, gemischt mit knalligem Gelb sowie mit bräunlichen und rötlichen Farben. Diese Farbenpracht verdanken wir Flechten, die die Felsen überwachsen haben. Eine von ihnen, die Nordische Krustenflechte, ist sehr, sehr einsam, denn die anderen Vertreter ihrer Art sind erst wieder in den Alpen und in Skandinavien zu finden. Die Fachleute gehen davon aus, dass das Vorkommen an der Thalenser Teufelsmauer ein Überbleibsel der letzten Eiszeit ist. Doch ganz so einsam ist sie nicht,

Häufiger ist *Parmelia saxatilis* – eine Blattflechtenart, die auch Bäume besiedelt.

im Gegenteil. Wie spezielle Untersuchungen ergaben, sind die Felsen entlang der Teufelsmauer sogar sehr reich an Flechtenarten. So wurden im Naturschutzgebiet Gegensteine-Schierberg aktuell 118 Arten gefunden, weitere ehemals vorhandene 16 Arten ließen sich nicht mehr nachweisen. Eine ähnlich hohe Flechtenartendichte gibt es erst wieder im Naturschutzgebiet Harslebener Berge-Steinholz mit 90 Arten. Die Gründe dafür sind die verschiedenen Bodenformen, vor allem der Kalkmergel und die Sandsteine mit unterschiedlichen Lößbeimischungen sowie deren Verwitterungsstadien (Kison 2004).

Uhu, Schwarzkehlchen und Berghexe – die Gesellen des Teufels?

Die Vogelwelt an der Teufelsmauer wurde vergleichsweise wenig erforscht. Der damals angehende Jungornithologe Dr. Klaus George untersuchte in den 1980er Jahren die Vogelwelt an den Gegensteinen. Er fand viele interessante Vogelarten, darunter Wendehals, Grünspecht, Heidelerche und das Schwarzkehlchen. Mehr ist an konkreten vogelkundlichen Studien seit dieser Zeit nicht hinzugekommen. Das mag daran liegen, dass hier mehr die Pflanzenwelt das Primat hat, mit weit bedeutenderen Highlights.

Doch da sind noch Uhu und das schon erwähnte Schwarzkehlchen. Unsere größte heimische Eule, der Uhu, ist in einem riesigen Areal zu Hause, das von Europa über Nordafrika bis weit nach Asien reicht. Mitunter hat es auch eine Vogelart mit weiter Verbreitung schwer, bei uns zu überleben. Der Uhu galt bis in das Mittelalter als der todbringende Vogel des Teufels. Bis in die Neuzeit nagelte man Uhus und andere Eulen an die Tore, um Zauberei abzuwenden. Dieser grobe Unfug sowie die Verdrahtung der Landschaft und der Bau neuer Verkehrswege, die für den nachtaktiven Vogel eine erhebliche Gefahr darstellen, bedeuteten das Ende für den Uhu in weiten Teilen Deutschlands. Im nördlichen Harzvorland verschwand das letzte Uhu-Paar um 1961 – unwiederbringlich, wie es zunächst schien. Doch 1967 begann im Westharz ein Projekt zur Wiederansiedlung. Recht bald gab es erste Brutversuche, aber der Erfolg stellte sich erst 1982 ein, als ein Uhu-Paar nahe dem Regenstein bei Blankenburg seine Jungen erfolgreich aufzog. Die Brutplätze des Uhus waren seit jeher die Felsformationen in dieser abwechslungsreichen Landschaft, die die ausgewilderten Vögel nach und nach wieder in Besitz nahmen. Heute sind es im Harzvorland wieder zwölf Paare (Wadewitz 2008). So war es eine Frage der Zeit, bis sich auch an der Teufelsmauer ein Uhu-Paar einstellte. 1993 war es soweit, seitdem brütet fast jährlich wieder ein Paar in den Felsklippen. Erwähnt sei noch, dass sich nicht alle Uhu-Paare streng an das Naturfelsen-Schema als Brutplatz halten, selbst der Halberstädter Dom und die Martinikirche mussten schon als Felsenersatz herhalten.

Das Schwarzkehlchen, ein kleiner, mit den Drosseln verwandter Singvogel, war vor gut drei Jahrzehnten noch eine Seltenheit. In Ostdeutschland wurden damals 3800 Paare geschätzt. Zum Vergleich: Vom Haussperling zählte man damals 7,5 Millionen und vom Buchfink gar 10,9 Millionen Paare. Die Schwarzkehlchenpaare haben sich inzwischen fast verdoppelt, 5700 bis 7100 schätzen die Vogelkundler. Eine wahre Erfolgsgeschichte – keine andere Vogelart hat hierzulande so rasant zugenommen. Mit Fug und Recht kann man sagen, dass die Ausbreitung dieser Vogelart in der hiesigen Gegend nahe der Teufelsmauer ihren Ausgang nahm.

Doch was zog die Vögel hierher? Da der Teufel ebenfalls meist im schwarzen Kleid daherkommt, könnte man sagen, Schwarz zu Schwarz gesellt sich gern, doch dieser Vergleich hinkt natürlich. Vielmehr waren es die trockenen, wartenreichen Staudenfluren, die

Schwarzkehlchen

Uhu im Tierpark Thale

den Vögeln ideale Lebensbedingungen boten. Noch heute ist der kleine, schwarz-weiß-rot gefärbte Singvogel hier und da an der Teufelsmauer zu beobachten.

Wo der Teufel zugange ist, so wird ein jeder sagen, können Berghexen nicht weit sein und im Harz schon gar nicht. Dies mag auch für die mit einem Besen bewehrten Damen stimmen, doch hier ist ein Tagfalter gemeint, der auf Magerrasen anzutreffen ist und der von der Schafbeweidung profitiert. Einst sehr zahlreich, auch an der Teufelsmauer, hat sich der Schmetterling heute auf wenige, für ihn günstigere Kalkhalbtrockenrasen im Harzvorland zurückgezogen. Wie zu erwarten, sind diese Lebensräume nicht nur ideal für Wärme liebende Pflanzenarten, sondern sie sind auch ein Paradies für eine ganze Armada von Insektenarten, die sich in diesem besonderen Klima wohlfühlen.

Die Pioniertat des Landrats Weyhe

Wie wir bereits gehört haben, wurden die Steine von der Teufelsmauer wegen ihrer besonderen Härte seit jeher als Baumaterial geschätzt. Ganze Felsen verschwanden, wie der Schmale Klink zwischen Mittel- und Papenstein. Die zahlreichen Steinbrüche lassen erahnen, dass einst noch weit mehr Felsen abgetragen wurden. Auch wurde sehr früh erkannt, dass die Teufelsmauer eine »Zierde« ist und wegen der »Volkssagen« und aufgrund ihrer seltenen »Naturmerkwürdigkeit« erhalten werden sollte. Erste Bemühungen, das unbefugte Brechen von Steinen zu verbieten, ist auf den Königlich Preußischen Landrat Weyhe von Quedlinburg zurückzuführen. Eine erste Verordnung, datiert vom 2. Juni 1833, und in der Akte Nr. 9, »Acta der Ortsbehörde zu Weddersleben betr. das Steinebrechen an der Teufelsmauer«, nachzulesen, verbietet bei Strafe das Brechen von Steinen und fordert die Überwachung des Verbots. Die Durchsetzung des Verbots war offenbar nicht einfach, denn auf einen Bericht des Bürgermeisters von Weddersleben vom 11. Dezember 1833 über unbefugtes Steinebrechen antwortete Landrat Weyhe bereits am 13. Dezember 1833: »Auf Ihren Bericht vom 11. D. MTs. Betreffend das unbefugte Steinebrechen von der Teufelsmauer daselbst, veranlasse ich Sie, die betreffende Verordnung, wodurch das Brechen von Steinen an der Teufelsmauer untersagt worden, von Neuem zu jedermanns Kenntnis zu bringen und auf deren Befolgung mit Strenge zu halten, in dem es nicht geduldet werden kann, dass die Teufelsmauer, welche der ganzen Gegend zur Zierde gereicht, durch Abbrechen von Steinen von derselben zerstöret werde ...« Diese, für heutige Begriffe markigen, aber eindeutigen Worte, taten ihren Zweck immer noch nicht, denn in einer Bekanntmachung des Landrates vom 8. Juli 1852 (Gemeinnütziges Wochenblatt für Quedlinburg und Umgebung vom 10. Juli 1852) wurde erneut das Brechen von Steinen aus der Teufelsmauer bei Geldstrafe verboten. Und selbst das half nicht, denn 1856 musste der Oberpräsident von Witzleben für Teile der Teufelsmauer erneut Schutzbestimmungen erlassen, die dem Landrat am 16. Juli 1860 bekanntgegeben wurden. Darin wird das Brechen von Steinen bei einer Geldstrafe von zwei bis drei Reichsthalern oder verhältnismäßiger Gefängnisstrafe untersagt. Beschwerden der Gemeinde Weddersleben wurden zurückgewiesen.

Zum Naturschutzgebiet wurde die Thalenser Teufelsmauer erst durch Verordnung vom 9. Juli 1935 durch den Regierungspräsidenten von Magdeburg erklärt. Eine moderne Verordnung erhielt die Thalenser Teufelsmauer im Jahr 2012, die gleichzeitig eine Erweiterung des Schutzgebietes beinhaltete.

Von den Gegensteinen sind derartige Schutzbemühungen nicht überliefert, doch auch hier hat es offenbar einen Abbaustopp zugunsten der letzten ansehnlichen Reste gegeben, denn die Brüche reichen bis dicht an die Felsen heran.

Das restriktive Vorgehen der damaligen Obrigkeit überrascht nicht, wurde doch erkannt, dass mit den Naturschönheiten auch Besucher und Gäste in die Gegend zu locken

Am Felsen sind die Spuren des jüngst vergangenen Abbaus zu finden.

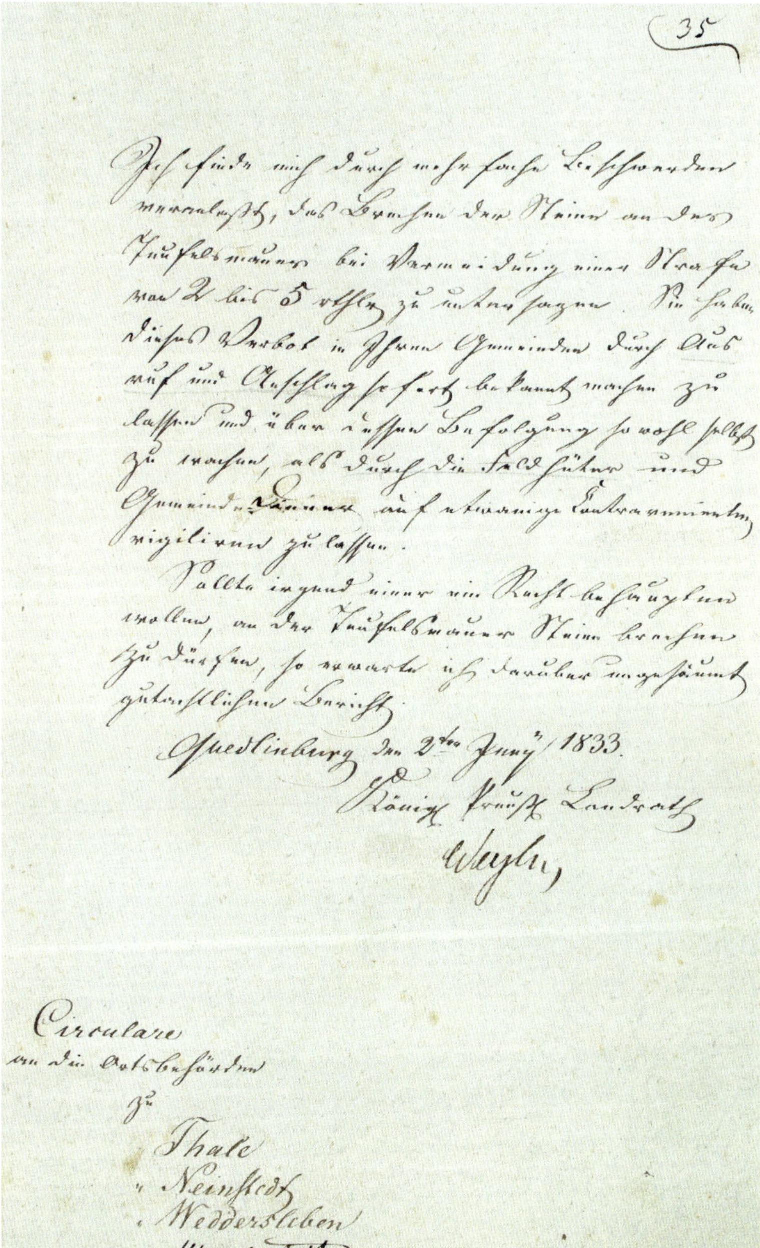

35

Ich finde mich durch mehrfache Beschwerden veranlaßt, das Brechen der Steine an der Teufelsmauer bei Vermeidung einer Strafe von 2 bis 5 rthlr zu untersagen. Sie haben dieses Verbot in Ihren Gemeinden durch Ausruf und Anschlag sofort bekannt machen zu lassen und über dessen Befolgung sowohl selbst zu wachen, als durch die Feldhüter und Gemeinde-Diener auf etwanige Contraventionen vigiliren zu lassen.

Sollte irgend einer ein Recht behaupten wollen, an der Teufelsmauer Steine brechen zu dürfen, so erwarte ich darüber ungesäumt gutachtlichen Bericht.

Quedlinburg den 2ten Juny 1833.

Königl. Preuß. Landrath

Weyhe

Circulare
an die Ortsbehörden
zu
Thale
" Neinstedt
" Weddersleben
" Warnstedt

Rundschreiben aus der »Acta …« an die Ortsbehörden zu Thale, Neinstedt, Weddersleben und Warnstedt

sind, wie bereits 1853 der Bürgermeister Löbbecke aus Blankenburg mit der Errichtung des nach ihm bekannten Stiegs zeigen konnte.

Die Vollendung der Tat von Landrat Weyhe

Teufelsfenster – kein Abbau, sondern ein natürliches Fenster im Mittelstein

Heute, gut 180 Jahre nach der Pioniertat des Quedlinburger Landrates, haben alle Felsbildungen entlang der Teufelsmauer einen Schutzstatus nach dem Naturschutzgesetz. Die beiden größten, die heute die Kernbereiche darstellen, sind die Naturschutzgebiete »Gegensteine-Schierberg« mit 102 Hektar und »Teufelsmauer und Bode nordöstlich Thale« mit 198 Hektar. Wie aus den Bezeichnungen bereits hervorgeht, wurden großzügig weitere schützenswerte Flächen aus dem Umfeld mit einbezogen. Der westliche Teil zwischen Großvater und Hamburger Wappen bei Blankenburg ist Flächennaturdenkmal mit einer Größe von fünf Hektar. Zu diesem Schutzgebiet gehört im Wesentlichen nur der schmale Grat, auf dem sich die Felsen befinden, mit einer Länge von vier Kilometern. Damit sind es zusammen ansehnliche 305 Hektar, die dauerhaft einen Schutzstatus erhalten haben.

Hinzu kommen die kleineren Felsen, die gemäß § 30 Bundesnaturschutzgesetz als gesetzlich geschützte Biotope (»offene Felsbildungen«) unter Schutz stehen.

Stand anfangs nur die Sicherung der Felsen im Vordergrund, sind heute in das Schutzziel auch die angrenzenden Lebensräume eingebunden. Es sind vor allem die Trockenrasen, Halbtrockenrasen, Zwergstrauchheiden und Trockengebüsche über Kalk- und Sandstein, denen die Wissen-

Wiesen-Salbei

Wiesen-Kammgras

Bode bei Neinstedt

schaftler bizarr klingende Namen gegeben haben wie Blauschwingel-Silbergras-Sandmagerrasen oder Furchenschwingel-Fiederzwenken-Halbtrockenrasen; sie sagen uns etwas über die Pflanzenartenzusammensetzung. In diesen Biotopen sind zahlreiche seltene Tier- und Pflanzenarten anzutreffen, die im Regenschatten des Harzes besonders gute Lebensbedingungen vorfinden.

Weiter sind Streuobstwiesen, naturnahe Laubwälder und sogar ein kurzer Abschnitt der Bode mit kleinen Auwäldern vorhanden.

Ein »Nationales Naturmonument«?

Sie ist ein wenig die Mauer der Superlative und eines der ältesten Schutzgebiete in Deutschland. Nach der Unterschutzstellung der Baumannshöhe in Rübeland im Harz im Jahr 1668 und dem Drachenfelsen mit der Wolkenburg im Siebengebirge am Rhein in den Jahren 1828/29 nimmt die Teufelsmauer mit der Verordnung durch den Quedlinburger Landrat Weyhe im Jahr 1833 sogar den dritten Platz ein (Funkel u. George 2002). In Würdigung dieses hoheitlichen Aktes wurde am 8. Juni 2002 eine Fachtagung in Weddersleben durchgeführt – zum Anlass des 150-jährigen Jubiläums – allerdings ging man damals noch von einer anderen Jahreszahl aus, nämlich von 1852 (LAU 2002). Darüber hinaus erfuhr die Teufelsmauer in den letzten Jahrzehnten so manche Würdigung. Dazu zählt die Auszeichnung als »Nationaler Geotop«, die 2006 im Rahmen eines Wettbewerbs an 77 bedeutende Geotope in Deutschland verliehen wurde. Zu den geehrten Geotopen gehören Felsbildungen von der Insel Helgoland in Schleswig-Holstein bis zum Werdenfelser Land in Bayern. Für Sachsen-Anhalt sind zudem das Bodetal bei Thale und die Blockhalden des Brockens genannt. Die Teufelsmauer steht damit in einer Reihe der schönsten geologischen Naturschöpfungen unseres Landes. Doch die Krönung steht noch aus. Mit der Novellierung des Bundesnaturschutzgesetzes im Jahr 2009 hat der Gesetzgeber eine neue Schutzgebietskategorie geschaffen, das »Nationale Naturmonument«. Im § 24, Absatz 4 des Bundesnaturschutzgesetzes heißt es dazu:

»Nationale Naturmonumente sind rechtsverbindlich festgesetzte Gebiete, die
1) aus wissenschaftlichen, naturgeschichtlichen, kulturhistorischen oder landeskundlichen Gründen und
2) wegen ihrer Seltenheit, Eigenart oder Schönheit von herausragender Bedeutung sind. Nationale Naturmonumente sind wie Naturschutzgebiete zu schützen.«

Subsumiert man den Inhalt dieses Gesetzes, wie der Rechtsgelehrte sagt, ist unschwer zu erkennen, dass die Teufelsmauer alle Voraussetzungen erfüllt, diesen Status zu erhalten. Erwartungsgemäß forderten die Naturschutzverbände bald, der Felskette am Harzrand diesen Titel zu verleihen. Im Februar 2011 baten sie in einer Resolution zu prüfen, die Teufelsmauer per Verordnung zum ersten Nationalen Naturmonument in Sachsen-Anhalt zu erklären – sozusagen als »Rosine«. Seitdem hat sich nicht viel getan. Wie bereits erwähnt: Die Teufelsmauer ist auf der gesamten Länge in irgendeiner Form geschützt, sei es als Naturschutzgebiet, Naturdenkmal oder gesetzlich geschützter Biotop. Ist es dann erforderlich, ihr noch einen Schutzstatus überzustülpen? Ich glaube, an dieser Stelle wird zu provinziell gedacht und die Wirkung verkannt. Geschützt ist die Teufelsmauer wahrlich genug, aber – Naturschutzgebiete gibt es überall. Vielmehr käme dieser neue Titel einer Werbekampagne gleich, einer Krönung sozusagen, ähnlich einiger Buchenwälder in Deutschland, die zum Weltnaturerbe erhoben wurden. Hört man sich im Land um, ist festzustellen, dass unsere Mauer – trotz aller

Königstein monumental!

Bemühungen, sie bekannter und attraktiver zu machen – im Schatten des Brockens ein deutlich weniger bekanntes Dasein führt. Ein untrüglicher Beweis für den Bekanntheitsgrad ist das Internet. Bei der Suche nach »Brocken im Harz« erhält man ein Vielfaches der Treffer des Suchbegriffs »Teufelsmauer am Harz«.

Politik, Verwaltung und Verbände werden über das Für und Wider eines Nationalen Naturmonuments »Teufelsmauer« wohl noch lange streiten. Für jetzt und heute gilt, ob staatlich verordnet oder nicht, ein ansehnliches Monument ist die Teufelsmauer allemal, so oder so!

Winterzauber am Königstein

Tourismus und Wandern

Es ist nicht das Tor in die Unterwelt, sondern es führt in eines der schönsten Wandergebiete des Harzraumes. Gemeint ist die Thalenser Teufelsmauer mit Königstein, Mittelstein und Papenstein, zu erreichen von einem Parkplatz an der Straße zwischen Neinstedt und Weddersleben. Auf dem Rückweg kann man im schattigen Auwald an der Bode verweilen und sich ausruhen.

Das Harzgebiet ist einzigartig, geschichtsträchtig wie kaum eine andere Region in Mitteleuropa und versehen mit einer vielfältigen Natur. Der Harz und vor allem sein Vorland waren der Lieblingsaufenthaltsort der ersten deutschen Kaiser und Könige, der Ottonen und Salier, und es ist die Heimat des Reformators Martin Luther. Die Natur ist vom Feinsten, von der Steppenflora an der Teufelsmauer bis zur Hochgebirgsvegetation auf dem Brocken, und das alles auf engstem Raum.

Ein Hotelier aus dem Harz sagte mir einmal kurz nach der Wende: »Wir haben alles, machen wir etwas daraus«. Die Tourismusstrategen haben sich inzwischen einiges ausgedacht, um das alles erlebbar zu machen. Ihre Bemühungen tragen die ersten Früchte. So nimmt der Harz von 29 untersuchten Mit-

Vom Hofladen Marienhof in Neinstedt führt ein Weg über die neue Bodebrücke direkt zur Teufelsmauer.

telgebirgs- und Berglandschaften hinsichtlich Bekanntheit, Sympathiegrad und Besuchsbereitschaft den dritten Platz ein. Besuchermagneten sind die entstandenen Wander-Stiege. Die beiden bekanntesten sind der Harzer Hexenstieg zwischen Osterode und Thale mit fast 100 Kilometern (www.harzer-hexen-stieg.de) und der Selketalstieg zwischen Stiege und Quedlinburg mit 75,5 Kilometern (www.selketalstieg.de). Es fehlte nur noch das Verbindungsstück, der Teufelsmauerstieg. Durch die Anordnung der Felsen war sein Verlauf zwischen Ballenstedt und Blankenburg, auf einer Länge von gut 35 Kilometern, theoretisch sogar schon vorgegeben. An beiden Enden steht ein großes, neugierig machendes Tor.

Gut ausgeschildert, so kann sich der Wanderer auf den Weg machen. An der Thalenser Teufelsmauer sorgen neu gesetzte Stufen und ein Handlauf für Bequemlichkeit. Vergleichbares ist an der Ballenstedter Teufelsmauer geplant. Für wenig Geld sind beim Förderverein Teufelsmauer Weddersleben e. V. zwei Broschüren erhältlich, in denen viele wichtige und interessante Informationen über die Teufelsmauer und die benachbarten Ortschaften enthalten sind. Damit nicht genug, der Verein mit seinen kundigen und engagierten Mitgliedern hat fast alle Geschicke speziell an der Thalenser Teufelsmauer in die Hand genommen. Von den Aktivitäten ist der Teufelsmauertag zu nennen, der jährlich im Juni viele Besucher und Besucherinnen anzieht, oder der Teufelsmauergarten, der auf seine Initiative hin errichtet wurde. Im Garten kann der Naturinteressierte die seltenen Pflanzen des Gebietes studieren, darunter die Sandsilberscharte. Durch die Errichtung des Gartens wird zugleich die sensible Vegetation der Trockenrasen an der Teufelsmauer vor Trittschäden geschützt.

Eine Wanderung auf dem Stieg entlang der Teufelsmauer ist fast in jeder Jahreszeit möglich. Empfehlenswert sind die Zeit der Obstblüte und der Frühsommer, wenn die Rasenflächen ihre Blüten entfalten. Selbst eine Tour im Winter kann ein Erlebnis sein, kontrastreich heben sich die schwärzlichen Felsgestalten von der weißen Landschaft ab.

Klettern verboten!

Auch wenn der Königstein die Herzen der Abenteuerlustigen höher schlagen lässt – das Klettern wurde aus gutem Grund verboten.

Das Klettern ist fast an der gesamten Teufelsmauer verboten – Naturschutzgebiet! Die in einigen Kletterführern angebotenen Routen sind unzulässig und sogar gefährlich. Wie gefährlich das Besteigen der Felsen und das Klettern ist, zeigen regelmäßig kleinere Felsabgänge. Gelegentlich fallen tonnenschwere Brocken herab, so am 3. Oktober 1913 und am 31. August 1989 am Königstein sowie Anfang 2012 am Kleinen Gegenstein. Wenn da nicht doch der Teufel seine Hand im Spiel hat! Eventuell braucht er beim Einreißen der Teufelsmauer nur etwas mehr Zeit als gedacht. Doch das ist Unsinn, es sind normale Abtragungsprozesse, die hier wirken.

Die Teufelsmauer als Filmkulisse

Dreharbeiten zu einem Kinderfilm im Sommer 2014

In den letzten Jahrzehnten entstanden an der Teufelsmauer Szenen für mehrere größere Film-Produktionen. Bereits in Vorwendezeiten kämpften spanische Partisanen in dem Film »Fünf Patronenhülsen« im Sand und Staub vor den Felswänden und der Winnetou des Ostens, Gojko Mitic, ritt in dem Film »Der lange Ritt zur Schule« hoch zu Ross an ihr entlang. Das Interesse der Filmemacher an dem schönen Stück Natur als Drehort reißt bis heute nicht ab. Es folgten die Filme »Die Päpstin«, »1 ½ Ritter«, »Hans Röckle und der Teufel«, »Black Death«, »Der Medicus« und »Frantz«, die teils hier entstanden. Das Bergarbeiterdorf mit dem Wagen des Baders aus dem »Medicus« stand beispielsweise in einer Senke vor dem Hamburger Wappen.

Ausklang

Mauern sind massive, freistehende Bauwerke und bestehen aus Stein. Wir kennen die Berliner Mauer und die Chinesische Mauer – Mauern haben also Tradition, häufig als Stadt- oder Wehrmauer, wie die beiden berühmten Beispiele zeigen. Oder die »Mauer in den Köpfen« – die unter anderem im übertragenen Sinne nach dem Fall der Berliner Mauer die noch immer nicht bewältigten Folgen der Teilung Deutschlands, eines der bittersten Kapitel in der deutschen Nachkriegsgeschichte, assoziiert. Mit der »Mauer in den Köpfen« hat auch die Teufelsmauer etwas zu tun, können wir doch davon ausgehen, dass sie in den Köpfen der Menschen der damaligen Zeit entstanden ist. Klingt etwas weit hergeholt, doch wir Menschen haben es nun mal mit Mauern, mit Abschottungen und Absperrungen. Als Beweis dafür mag manchem der Blick aus dem heimatlichen Stubenfenster dienen. Zugegeben, die Teufelsmauer soll Luzifers Werk sein und der Vergleich trägt somit nicht unbedingt zum Ablegen des Mauerdenkens bei. Auch wenn im Buch vieles nur angerissen wurde, so dürfte doch klar geworden sein, dass es nicht die Gigantomanie des Teufels war, die die Teufelsmauer schuf.

Mit diesem Buch wollen wir Interesse für die Teufelsmauer wecken und neugierig auf die Heimat der beiden Verfasser machen, die in Ballenstedt (Egbert Günther) und Neinstedt (Gottfried Bürger) aufgewachsen sind. Für ersteren war die Egbert-Sage (Klusfelsen mit Klause) auch Ansporn, mal nachzuschauen, was es mit dem Vornamen so auf sich hat. Zur weiteren Vertiefung dient das Literaturverzeichnis. Insbesondere die geologischen Vorgänge sind äußerst kompliziert und für den Laien oft schwer verständlich und kaum erklärbar. Wir danken deshalb Dr. Hartmut Knappe, dass er die schwierige Aufgabe übernommen hat, die geologischen Prozesse, die zur Entstehung der Teufelsmauer geführt haben, für Nichtgeologinnen und -geologen nachvollziehbar aufzuschreiben. Weiterhin danken wir ihm für seine oft ungestüme Art des Vortragens, ohne die so manche Feinheit übersehen worden wäre und die den Blick für das Ganze geschärft hat.

Das Buch ist vor allem als Ergänzung und Bereicherung zu bereits vorhandenen Broschüren und Wanderführern gedacht und nicht als Konkurrenz zu diesen. Ein Bildband lässt sich ohnehin schlecht in der Hosentasche verstauen. Die schönen Fotos sollen der Einstimmung und Anregung dienen, die Teufelsmauer zwischen Ballenstedt und Blankenburg selbst zu erkunden. Viel Spaß und Freude dabei!

Wer hat mitgeholfen?

Uwe Nielitz stellte das Foto vom Schwarzkehlchen zur Verfügung, Museumsleiter a. D. Eberhard Nier ermöglichte das Foto des Hortfunds vom Gegenstein. Dieter Hoffmann beförderte den Fotografen mit dem Drachenflieger gekonnt in die Lüfte. Dr. Hans-Ulrich Kison bestimmte freundlicherweise die Flechten. Ursula Schöner gab ihr Einverständnis für die Veröffentlichung des Fotos der Aquarellstudie von Bertha von Kügelgen. Dr. Hartmut Knappe wurde unterstützt von Dr. Elke Steiger und Dr. Torsten Steiger bei der Herstellung bzw. Interpretation der Dünnschliffe, Baggerfahrer Detlef Block »profilierte« die Wand in der Sandgrube Warnstedt, Ekkehard Röhling präparierte die Mikrofossilien, Dr. Dieter Weyer stellte Fotos unter dem Elektronenmikroskop her und Frank Trostheide lieferte das Sammlungsobjekt der Krebsschere. Allen sei herzlich gedankt!

Wichtige Anschriften

Förderverein Teufelsmauer Weddersleben e. V.
Quedlinburger Straße 8
06502 Thale, OT Weddersleben

Landkreis Harz
Untere Naturschutzbehörde
Friedrich-Ebert-Straße 42
38820 Halberstadt

Regionalverband Harz e. V.
Hohe Straße 6
06484 Quedlinburg

Windmühle bei Warnstedt

Verwendete Literatur

Baczko 2012
Baczko, Ludwig v.: Legenden, Volkssagen, Gespenster- und Zaubergeschichten, Bd. 3, o. O. 2012

Benkert et al. 1996
Benkert, Dieter, Franz Fukarek u. Heiko Korsch: Verbreitungsatlas der Farn- und Blütenpflanzen Ostdeutschlands, Stuttgart 1996

Bink 2002
Bink, Manfred: Die Streuobstflächen im NSG »Teufelsmauer«, in: LAU, S. 59–61, Halle 2002

Förster 2006
Förster, Kay: De Düwelsmur tau Wedderslewe. Eine Wanderung durch das NSG Teufelsmauer, hg. v. Förderverein Teufelsmauer Weddersleben e. V., Weddersleben 2006

Fuhrmann u. Vogt 2007
Fuhrmann, Ute u. Rainer Vogt: Die Steine am Hexentanzplatz. Thale und Umgebung – eine Harzlandschaft neu entdecken, Dößel 2007

Funkel u. George 2002
Funkel, Christiane u. Klaus George: Die »Teufelsmauer« eines der frühesten Schutzobjekte in Deutschland – älter als gedacht, in: Naturschutz im Land Sachsen-Anhalt, 39. Jg, H. 2, S. 50–53, Halle 2002

Günther 1901
Günther, Friedrich: Der Harz. Land und Leute. Monographien zur Erdkunde, Bd. 9, Bielefeld u. Leipzig 1901

Haeupler 2001
Haeupler, Henning: Die ungleiche Verteilung der Artenvielfalt innerhalb Deutschlands. Eine Antwort, in: Floristische Rundbriefe. Zeitschrift für floristische Geobotanik, Populationsökologie und Systematik, 34 Jg., H. 1, S. 17–24, 2001

Juranek 1999
Juranek, Christian (Hg.): Abenteuer, Natur, Spekulation. Goethe und der Harz, in: Edition Schloss Wernigerode Bd. 2, Halle 1999

Kison 2004
Kison, Hans-Ulrich: Zur Flechtenfauna des Naturschutzgebietes »Gegensteine-Schierberg« in Sachsen-Anhalt. Abh. Ber. Mus. Heineanum, Bd. 6, S. 1–16, 2004

Korneck et al. 1998
Korneck, Dieter, Martin Schnittler, Frank Klingenstein, Gerhard Ludwig, Melanie Takla, Udo Bohn u. Rudolf May: Warum verarmt unsere Flora? Auswertung der Roten Liste der Farn- und Blütenpflanzen Deutschlands. Schriften für Vegetationskunde H. 29, S. 299–358, 1998

LAU 2002
Landesamt für Umweltschutz Sachsen-Anhalt (LAU) (Hg.): 150 Jahre Schutz der Teufelsmauer. Tagung und Festveranstaltung am 08.06.2002 in Weddersleben. Berichte des Landesamtes für Umweltschutz Sachsen-Anhalt, SH. 1, 2002

Lerche 2002a
Lerche, Hans-Joachim: Die Teufelsmauer bei Weddersleben und Warnstedt, in: LAU, SH. 1, S. 6–10, 2002

Ryl u. Schuboth 1996
Ryl, Heike u. Jörg Schuboth: Suche alter Obstsorten im Dessau-Wörlitzer Gartenreich. Erste Ergebnisse 1995, in: Naturschutz im Land Sachsen-Anhalt, Jg. 33, H. 1, S. 11–20, 1996

Schmidt u. Nitzsche 1977
Schmidt, Berthold u. Waldemar Nitzsche: Jungbronzezeitliche Höhensiedlung auf den Gegensteinen bei Ballenstedt/Harz. Ausgrabungen u. Funde, in: Archäologische Berichte u. Informationen Bd. 22, H. 5, S. 209–211, 1977

Schöner 2000
Schöner, Hans: Ballenstedt zur Kügelgen-Zeit, Mönkeberg 2000

Sternal u. Berg 2010
Sternal, Bernd u. Lisa Berg: Sagen, Mythen und Legenden aus dem Harz, Bd. 1 u. 2, Gernrode 2010

Wadewitz 2008
Wadewitz, Martin: Zum aktuellen Bestand des Uhus (*Bubo bubo*) in Sachsen-Anhalt. Berichte des Landesamtes für Umweltschutz Sachsen-Anhalt, SH. 2 Vogelmonitoring in Sachsen-Anhalt 2008, 2009

Wegener u. Herdam 2009
Wegener, Uwe u. Hagen Herdam: Vorkommen und Erhaltungsmaßnahmen für die Sand-Silberscharte *Jurinea cyanoides* (L.) Rchb. im Nordharz-Vorland. Abh. und Ber. Museum Heineanum, Bd. 8, S. 1–10, 2009

Zschoche 2000
Zschoche, Herrmann: Caspar David Friedrich im Harz, Dresden 2000

Weiterführende Literatur

Anonym: 6000 Jahre altes Feuersteinbergwerk entdeckt, in: Mitteldeutsche Zeitung [03.12.2013], http://www.mz-web.de/mitteldeutschland/archaeologiemitteldeutschland-6-000-jahre-altes-feuersteinbergwerk-entdeckt,20641266,25503914.html (09.04.2015)

Arbeitskreis Heimische Orchideen Sachsen-Anhalt e.V. (Hg.): Orchideen in Sachsen-Anhalt. Verbreitung, Ökologie, Variabilität, Gefährdung, Schutz, Löbejün 2011

Feldmann, Ludger: Das Quartär zwischen Harz und Allertal. Mit einem Beitrag zur Landschaftsgeschichte im Tertiär, Clausthal 2002

Franzke, Hans-Joachim u. Max Schwab: Harz. Östlicher Teil mit Kyffhäuser Kristallin, Sammlung geologischer Führer, Bd. 104, Stuttgart 2011

Hartmann, Werner: Zur Geschichte der Garnison Halberstadt und ihre Truppenteile 1623–1994, www.garnison.de (09.04.2015)

Harzer Tourismusverband: Harzer Tourismustag 2013. HTV zieht Bilanz und wappnet sich für die Zukunft, in: Der Harz. Die Zeitschrift für Harzer und Freunde des Harzes, Ausgabe 12, S. 4, 2013

Herdam, Hagen: Neue Flora von Halberstadt, hg. v. Botanischer Arbeitskreis Nordharz e. V., Quedlinburg 1993

Hesse, Bernhard u. Hans Peper: Ballenstedt Chronik. Eine Geschichte des Schlosses und der Stadt in Einzeldarstellungen von den Anfängen bis 1920, hg. v. Kulturverein Wilhelm von Kügelgen e. V., Ballenstedt 2004

Horenburg, Detlef: Tunnel unter der Teufelsmauer, in: Mitteldeutsche Zeitung [15.04.2011] http://www.mz-web.de/quedlinburg/harz-tunnel-unter-teufelsmauer,20641064,17538194.html (09.04.2015)

Knappe, Hartmut u. Karl-Armin Tröger: Die Geschichte von den neun Meeren. Ursprung des nördlichen Harzvorlandes, in: Der Harz. Eine Landschaft stellt sich vor, H. 19/20, 1988

Kulturbund der DDR: Mitteilungsblatt 11/85. Gesellschaft für Denkmalpflege. Kreis Quedlinburg, 1985

Landesamt für Umweltschutz Sachsen-Anhalt (Hg.): Die Naturschutzgebiete Sachsen-Anhalts, Jena 1997

Lerche, Hans-Joachim: Eine Rundwanderung im NSG »Teufelsmauer«, in: LAU, SH. 1, S. 68–74, 2002

Löbel, Herbert: Begleitbroschüre zum Harzer Teufelsmauer Stieg. Förderverein Teufelsmauer Weddersleben e. V. (Hg.), Weddersleben 2009

Lotze: Die Renovierung der Lindenhofskirche zu Neinstedt. Der Bote der Brüderschaft des Lindenhofes Nr. 99, S. 2, 1911

Michels, Norbert (Hg.): Anhalt in alten Ansichten. Landschaft, Baukunst, Lebenswelten, Halle 2006

Mutterlose, Jörg u. Jens Steffahn: Exkursionsführer. Die Kreide des subherzynen und östlichen Niedersächsischen Beckens, in: Bochumer geowissenschaftliche Arbeiten, H. 4, 2004

Nicolai, Bernd (Hg.): Atlas der Brutvögel Ostdeutschland, Jena 1993

Probst, Ernst: Die Helmsdorfer Gruppe. Eine Kultur der Bronzezeit von etwa 1300/1200 bis 600 v. Chr., Norderstedt 2011

Schmidt, Peter u. Christoph Schönborn: Schmetterlingsfauna Sachsen-Anhalts, Band 2 – Tagfalter und Spinnerartige, Jena 2017

Schwarz, Ralf: Vorgeschichtliche Besiedlung um die Teufelsmauer, in: LAU, SH. 1, S. 41–43, 2002

Sternal, Bernd: Wissenswerte Ausflugsziele Harz, www.wissenswertes.ausflugszieleharz.de (09.04.2015)

Wagenbreth, Otfried u. Walter Steiner: Geologische Streifzüge. Landschaft und Erdgeschichte zwischen Kap Arkona und Fichtelberg, Leipzig 1989

Wegener, Uwe: Teufelsmauer soll das erste »Naturmonument« im Land sein, in: Wernigeröder Volksstimme [28.02.2011], http://www.volksstimme.de/nachrichten/lokal/wernigerode/251591_Teufelsmauersoll-das-erste-Naturmonument-im-Landsein.html (09.04.2015)

Impressum

Bibliografische Information der Deutschen Nationalbibliothek
Die Deutsche Nationalbibliothek verzeichnet diese Publikation in der Deutschen Nationalbibliografie; detaillierte bibliografische Daten sind im Internet unter http://dnb.dnb.de abrufbar.

Egbert Günther, Gottfried Bürger
Die Teufelsmauer am Harz
120 Seiten, 17 x 24 cm
Natur+Text Rangsdorf 2019
ISBN 978-3-942062-40-4

Erweiterte Neuauflage des 2015 in der Edition Leipzig in der Seemann Henschel GmbH & Co. KG erschienenen Titels (ISBN 978-3-361-00712-3). Die Umschlaggestaltung stammt ursprünglich von Twilight Image Print, Thale; Satz und Layout von Carmen Klaucke, Berlin; die Reproduktionen von Medien Profis GmbH, Leipzig.

Abbildung auf dem Umschlag vorn:
Königstein am Abend – Thalenser Teufelsmauer – Gottfried Bürger

Abbildung auf dem Umschlag hinten:
Detail der Skulpturengruppe von Jochen Müller auf dem Hexentanzplatz

Korrektorat und Satz:
Kerstin Koch (Natur+Text)

Druck und Bindung:
Westermann Druck Zwickau GmbH

Friedensallee 21, 15834 Rangsdorf
verlag@naturundtext.de, www.naturundtext.de

Printed in Germany

Bildnachweis

Bis auf nachfolgend aufgeführte Bilder sind alle Fotos von Gottfried Bürger.

© Klassik Stiftung Weimar, Museen, Inv.-Nr. KHz/AK2407: S. 70 oben; bpk/Nationalgalerie, SMB/Reinhard Saczewski: S. 71 unten; Herzog Anton Ulrich-Museum Braunschweig, Dauerleihgabe der Richard Borek Stiftung: S. 46 unten; Städtisches Museum Braunschweig: S. 88 unten; Dieter Weyer: S. 21; Gottfried Bürger, Entwürfe/AgenZasBrothers GbR grafische Umsetzung: S. 24; Hans Schöner: S. 71 oben; Hartmut Knappe: S. 20, 22 (alle drei Bilder); Uwe Nielitz: S. 97 rechts oben.

MIX
Papier aus verantwortungsvollen Quellen
FSC® C110508
FSC www.fsc.org